LE CODE
DE
LA POLITESSE.

Noms des Libraires de Paris, chez lesquels se trouve cet ouvrage.

LENORMANT, rue des Prêtres-St.-Germain-l'Auxerrois;

H. NICOLLE, rue des Petits-Augustins, n°. 15;

MARADAN, rue des Grands-Augustins;

GÉRARD, rue St.-André-des-Arcs, n°. 59;

DELAUNAY, Palais du Tribunat, galerie de bois;

RENARD, rue Caumartin et rue de l'Université, près celle des Saints-Pères.

Deux Exemplaires de cet ouvrage ont été déposés à la Bibliothèque Impériale, conformément à la loi.

LE CODE DE LA POLITESSE,

OU

GUIDE DES JEUNES GENS DANS LE MONDE.

PAR M. B*****. (Brûlé)

Consuetudo et mos vim legis habere videntur.

OWEN.

A PARIS,
Chez la Ve. GUEFFIER, Relieuse, rue Galande, n°. 61,
Et P. GUEFFIER, Imprimeur, rue du Foin-Saint-Jacques, n°. 18.

1808.

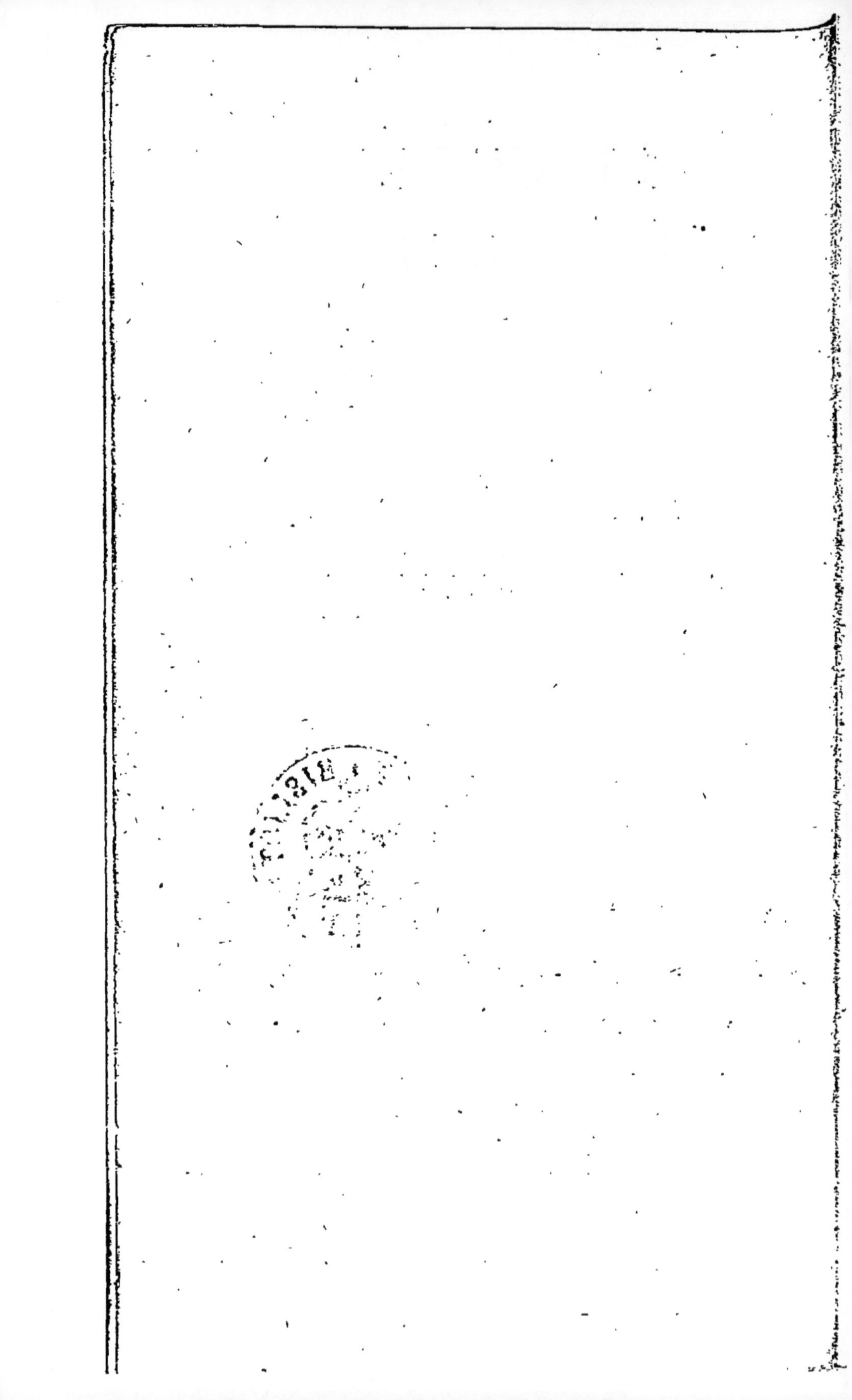

PRÉFACE.

L'OUVRAGE que nous présentons au public est à-peu-près neuf dans notre langue, ou du moins on n'avoit point donné jusqu'ici, sur les règles de la politesse qui s'observent dans le grand monde, de traité aussi complet dans toutes ses parties.

Le seul essai dont nous ayons connoissance en ce genre, est une brochure qui a été imprimée en 1804, sous ce titre : *L'usage du monde* ou *la Politesse, le ton et les manières de la bonne compagnie*. Il s'en faut de beaucoup que l'auteur de cette brochure ait prévu tous les cas, et qu'il ait suivi l'ordre et la méthode nécessaires dans une pareille composition. Mais on peut lui faire des reproches encore plus graves ; c'est que cet ouvrage publié en apparence pour la première fois en 1804, contient des préceptes tellement surannés, des choses tellement passées d'usage, qu'il est bien difficile de ne pas croire que ce ne soit la réimpression pure et simple, et sans discernement, d'un livre très-ancien.

Nous citerons pour preuve un passage très-curieux relatif au bal et à la danse :

« Le refus de danser, y est-il dit, » ne doit se faire qu'en s'excusant » poliment auprès *de la dame qui* » *vous en a prié*, après l'avoir con- » duite au milieu de la salle de » danse..... Si cependant après toutes » les excuses et tous les refus hon- » nêtes possibles, on persistoit (la » dame qui a invité son cavalier) à » vouloir que vous *dansiez*, il ne

» faut plus alors vous en défendre....
» Dans ce cas, on doit supplier *la* » *dame qui veut danser*, de permettre » que *nous choisissions la danse* » *qui nous est la plus familière*, et » danser ensuite *franchement* et le » moins mal possible. »

Il n'y a guères que deux ou trois demi-siècles que l'usage dont on parle ici comme subsistant encore en 1804, a été aboli. Quelqu'un qui voudroit le pratiquer sembleroit revenir de l'autre monde, et on pourroit lui répliquer comme Lisette au vieux Lisidor, dans le *Procureur arbitre* :

Et j'ai fort bien dansé... — Du temps de Charles IX.

Nous ne connoissons pas un manuscrit de feu M. Aze sur la même matière, et dont le célèbre M. Grimod-de-la-Reynière se propose d'être un jour l'éditeur. Ce manuscrit, selon M. de la Reynière, a quatre volumes *in-fol.* et comprend, ajoute-t-il, l'*abrégé* de toutes les règles de la politesse. Il nous semble qu'un tel *abrégé* pourroit à juste titre passer pour une encyclopédie ; et quoique nous ayons adopté un cadre infiniment plus resserré, nous croyons avoir fait peu d'omissions essentielles.

Le titre de *Guide des Jeunes gens* annonce que notre ouvrage est spécialement destiné à ceux dont l'âge encore peu avancé justifie l'inexpérience et le défaut d'observation des usages reçus.

Cependant nous avouerons avoir porté plus haut notre ambition. Nous avons pensé qu'il ne seroit pas inutile aux personnes même qui savent le mieux leur monde, de trouver rassemblés comme dans un Code, les préceptes que la tradition a consacrés.

Il en est d'ailleurs de la science du monde comme de toutes les autres sciences, où il est difficile d'être universel, de se montrer également versé dans toutes les parties. Tel fera avec distinction les honneurs d'une bonne table, ou se montrera aimable convive à la table des autres, qui se trouvera déplacé dans un cercle.

Tel brillera dans la conversation, et se fera admirer des gens d'esprit, qui n'aura qu'une foible idée des bienséances que l'on doit observer à table ou à une partie de jeu.

Enfin les usages de la ville et de la campagne entre personnes de la même condition et de la même société sont d'une différence prodigieuse.

Ce traité, au surplus, n'est pas un traité de morale : nous supposons comme une condition essentielle pour jouer un rôle avantageux dans le monde, que le jeune homme qu'on y introduit a déjà acquis un grand nombre de connoissances utiles, qu'il fait plus que posséder le germe de toutes les vertus, qu'un instituteur habile a su le développer en lui.

C'est ici le lieu de parler des connoissances qui sont nécessaires à un jeune homme lancé dans la bonne compagnie. Je ne dirai pas qu'il est obligé de posséder à fond toutes les sciences, tous les arts utiles ou agréables, ni même de les avoir tous effleurés, ou d'avoir de tous une légère teinture. Un demi-savoir est souvent plus dangereux et plus ridicule qu'une ignorance complète; mais il est à desirer qu'il excelle dans quelques arts libéraux.

Je ne prétends pas que le jeune homme doive afficher par-tout ses talens pour la musique, la peinture, la poésie ou la littérature ; mais il faut qu'il soit dans le cas de porter un jugement sain et solide sur les chefs-d'œuvre dans l'un ou l'autre de ces genres.

Si celui qui débute dans la carrière épineuse de la société a cultivé des arts, plus utiles sans contredit, mais qui ont moins d'éclat aux yeux du monde ; s'il est jurisconsulte, mathématicien, médecin ou chimiste, il doit éviter avec plus de circonspection encore les occasions de montrer son savoir ; car ce n'est pas pour s'occuper d'idées abstraites, pour agiter des discussions compliquées que l'on se réunit en société, sur-tout lorsque les dames font partie du cercle.

Cependant l'étude de ces sciences difficiles donne ordinairement à l'esprit une habitude de réflexion et de justesse que les connoisseurs et les gens d'un vrai mérite savent distinguer au premier coup-d'œil ; on vous a d'autant plus d'obligation de votre modestie en pareille circonstance, qu'on voit que vous sacrifiez vos goûts et vos inclinations aux plaisirs des autres.

En présentant un tableau des usages de la bonne compagnie, nous les avons souvent trouvés fondés sur l'exacte raison ; mais toutes les coutumes ne sont pas également susceptibles d'être justifiées. Le vrai sage les observe pour ne point se singulariser : il est persuadé, comme l'épigrammatiste Owen, que « la coutume » et l'usage reçu ont force de loi. »

LE GUIDE
DES JEUNES GENS
DANS LE MONDE,

Ou Traité de la manière dont on doit se comporter dans la bonne compagnie.

RÉFLEXIONS GÉNÉRALES.

L'HOMME sage se prête au Monde, et ne s'y donne pas. Il se livre à ses emplois, et ne se refuse point à ses amis. Il sait que trop de conversations, de visites inutiles, rendent la vie molle et efféminée, et que beaucoup d'occupations la rendent douce et agréable.

Les esprits ont besoin de relâche, une application continuelle les rebute; et comme il faut par le travail nous guérir des maux que produit l'oisiveté, il faut de même par quelques divertissemens soulager les peines qu'il nous cause.

Un peu de mélange dans la vie rétablit ou entretient la paix de l'esprit et du cœur; un peu de société fait que l'on oublie ses chagrins, et le présent ôte l'idée du passé.

C'est avoir trop de présomption que de prétendre se consacrer tout entier aux affaires: notre esprit est une terre féconde capable de produire toute sorte de grains. Il lui faut du repos; ou, pour parler plus juste, notre esprit est un fermier avec lequel il nous faut user de ménagemens, et à qui il faut donner du temps pour nous satisfaire; quand on le presse trop de payer, on l'accable et on le ruine.

On se sert dans nos armées de trompettes, de fifres, de timballes, de tambours, pour exciter et animer les soldats dans les actions: au contraire, les Lacédémoniens se ménageoient si peu dans les combats, que pour les retenir on avoit recours à des flûtes et à d'autres instrumens de cette nature, dont les sons agréables et doux charmoient pour ainsi dire ou endormoient leur bravoure.

Il en est de même des esprits: il y en

a qui doivent être portés et excités au travail, et il y en a d'autres qui n'en prennent [q]ue trop, et dont il faut modérer l'application et l'activité. Rien, à mon gré, de plus capable de faire goûter à ces sortes d'esprits quelque plaisir dans cette modération, que les entretiens qu'ils peuvent avoir [a]vec leurs véritables amis.

C'est un vice à un homme de faire toujours le magistrat, le savant ou le négociant; il y a un temps pour tout : un [h]omme du monde cesse quelquefois d'être [m]agistrat, savant ou soldat. La trêve qu'il [fa]it, dans ces rencontres, avec les lois, les [le]ttres ou la guerre, est cause qu'il en aime [p]lus sa profession. C'est jeter son mérite [à] la tête des gens, que de vouloir toujours [p]aroître ce que l'on est et ce que l'on [ve]ut.

Je plains un homme qui fait toujours [le] Caton, qui ne s'humanise et ne se familiarise jamais, qui est toujours grave et [p]aroît enivré de son mérite. Il n'est pas [m]oins ridicule de fronder les mœurs, les [o]pinions et les usages reçus, de ne pas [di]stinguer ce que ces usages peuvent avoir [d']extravagant, de dangereux même, et que l'on doit éviter, de ce qu'ils ont en même temps d'utile et d'indispensable, à moins de briser tout-à-fait les liens de la société.

Un de nos plus agréables poètes comiques, Destouches, a, dans une de ses pièces intitulée l'*Homme Singulier* (1), montré tous les inconvéniens de cette manie anti-sociale : le héros de Destouches est un homme étrange et bizarre qui, substituant aux préjugés reçus des préjugés non moins absurdes, s'habille d'une autre manière que les autres, appelle son domestique *monsieur*, mange et boit lorsqu'il a faim, et sans avoir d'heure réglée pour ses repas. Quoiqu'il y ait véritablement des hommes qui ont à-peu-près ce caractère original, l'*Homme Singulier* a paru exagéré sur la scène. Ses bizarreries ont semblé froides, et telle a été la cause du peu de succès de cette comédie morale.

(1) Un Allemand ingénieux, M. Auguste La Fontaine, l'un des plus agréables romanciers modernes, a composé sous ce même titre (*der Sonderling*) un roman rempli d'intérêt et de situations piquantes, dont la plupart prennent leur source dans l'éducation bizarre et extraordinaire du héros. Ce roman, traduit en français, il y a peu d'années, par J.-B.-J. Breton, a obtenu le même succès qu'en Allemagne. (*Note de l'éditeur.*)

Mais s'il est avéré qu'on ne peut vivre sans avoir une compagnie, une société habituelle, le choix des personnes avec qui nous contractons quelques liaisons est d'une haute importance.

Pour que nous puissions trouver quelque agrément dans nos relations avec une personne, il faut aussi que notre présence, que nos assiduités lui soient agréables; ce qu'il est ordinairement assez facile de discerner.

Je ne dirai pas qu'il faut éviter la société des libertins et des joueurs incorrigibles: tout le monde sait qu'il n'y a rien à gagner avec des êtres de cette espèce; que la perte du temps et de l'argent est la moindre chose qu'on ait à redouter de leur fréquentation : mais il est encore d'autres individus que nous devons nous abstenir de voir.

Il n'est pas agréable de rendre visite à des gens oisifs qui n'ont rien à faire; ils redisent cent fois la même chose; c'est une suite de discours qui n'aboutit qu'à des bagatelles. Leur loisir continuel est un vide qu'ils sont bien aises de remplir, même aux dépens de leurs parens et de leurs amis; en un mot, on ne peut finir avec eux.

La conversation des personnes violentes et brusques doit être évitée avec soin. Elles sont sujettes à s'emporter pour la moindre chose, et à ne garder aucune mesure. On se fait souvent des affaires avec elles lorsqu'on y pense le moins, et quelquefois on ne peut se débarrasser de ces fâcheux qu'avec peine.

Quand on nous traite avec honnêteté et politesse, nous ne devons pas demander davantage. Nous ne devons souhaiter quelque chose de plus, que de ceux auxquels l'amitié, la nature ou des rapports fréquens d'intérêts ou de fonctions publiques nous ont unis. Le dehors des autres nous suffit; il n'est pas nécessaire que le cœur parle par leur bouche, et qu'il soit d'accord avec ce qu'ils nous font paroître, pour nous donner lieu d'en être contens.

Ce n'est pas ce que l'on nous dit qui nous persuade que l'on a pour nous de l'estime et de la considération, c'est la manière dont on nous le dit. Trois paroles valent le plus long discours quand elles sont accompagnées d'un visage riant et engageant. Il y a un air d'exprimer les choses, qui fait juger qu'elles partent du cœur, et que la bouche n'en est que la fidèle et obligeante interprète.

Il ne faut pas nous défendre de la compagnie d'un homme parce qu'il sera quelquefois bizarre et inquiet, pourvu qu'il ait de bons intervalles. Il faut faire grâce aux défauts en faveur des bonnes qualités. C'est prudence de savoir un peu perdre pour gagner beaucoup : sans peine nul profit et nul plaisir dans la vie.

Quand nous sommes si difficiles à nous faire des habitudes, on agit de même avec nous. Si nous recherchons tant de bonnes qualités dans ceux avec qui nous voulons lier un commerce, ils les exigent de même en nous, et ne les trouvent pas.

Ne voir personne, ou ne pas voir autant de monde que notre fortune ou notre situation le comportent, c'est s'interdire d'innocens plaisirs. Mais aussi passer toute sa vie à courir de cercles en cercles, rendre des visites chez toutes sortes de personnes, c'est, si j'ose m'exprimer ainsi, vouloir perdre l'appétit à force de manger : c'est se remplir de viandes communes, et se défendre celles qui sont délicates et exquises.

Nous nous proposons de donner dans cet ouvrage un recueil de préceptes utiles pour les jeunes gens qui entrent dans le monde. Quelquefois les détails dans lesquels nous entrerons, paroîtront minutieux à certains lecteurs. Nous citerons, pour nous justifier d'avance, ces pensées d'un auteur anglais qui a écrit sur le même sujet. « On m'objectera, dit-il, que les » règles que j'ai présentées sont triviales » ou inutiles; triviales, il est faux qu'elles » le soient, car on voit une infinité de » personnes qui y manquent à tous mo- » mens; inutiles, je m'en rapporte à ceux » qui comptent pour quelque chose la rai- » son et l'esprit de société. »

Mais en vain observeroit-on dans toute sa conduite les maximes d'une froide étiquette: il faut que l'aisance accompagne toutes nos actions: telle démarche, telle parole, tel geste, seront considérés comme une inconséquence, une étourderie, et offenseront les personnes qui en seront témoins. Si celui qui a commis cette faute involontaire sait la réparer à temps ou à propos, elle ne sera pas remarquée, et quelquefois même on lui saura gré de l'esprit qu'il a su montrer dans une circonstance difficile. Il faut, en un mot, être fidèle observateur de cette grâce que M. Delille a si élégamment définie, en se récriant sur l'impossibilité d'en donner une idée exacte.

Mais comment définir, expliquer ses appas?
Ah! la grâce se sent et ne s'explique pas.
. . . .
C'est cette fleur qu'on voit négligemment éclore,
Et qui, prête à s'ouvrir, semble hésiter encore.
L'esprit, qui sous son voile aime à la deviner,
Joint au plaisir de voir celui d'imaginer.
L'imagination en secret la préfère
A la froide beauté constamment régulière.
Je ne sais quoi nous plaît dans ses traits indécis
Que la beauté n'a pas dans ses contours précis.
Où peut-on rencontrer ce doux secret de plaire?
Est-ce dans les palais, est-ce dans la chaumière?
Par-tout où la nature, en dépit de notre art,
La fait naître en passant, ou la jette au hasard.

Nous prévenons au surplus nos lecteurs que nous n'avons pas eu seulement en vue de donner des préceptes sur la civilité extérieure, mais encore sur ce qu'on appelle proprement la politesse. Nous avouerons, cependant, que la *civilité* se réduit à de simples règles, dont l'étude n'est pas difficile; mais ce n'est qu'une éducation soignée et un long usage du monde, qui doivent nous rendre *polis*, et faire de nous ce qu'on appelle dans le monde un homme aimable.

« On confond très-souvent dans le langage ordinaire, dit lord Chesterfield, » l'idée d'homme honnête et civil, avec » celle d'homme poli et bien élevé. Elles sont » cependant différentes. L'idée d'homme » poli et bien élevé emporte avec elle celle » de l'homme honnête et civil ; mais cette » dernière n'est pas dans le même cas par » rapport à la première. La civilité et l'hon- » nêteté ont un prix et un mérite qui leur » est propre. La politesse et la bonne édu- » cation servent à en rehausser l'éclat, et » y ajoutent souvent beaucoup, en y met- » tant ce qui leur est particulier.

» La politesse n'est pas un objet de pure » spéculation, ni une chose dont on peut » donner une exacte définition, parce » qu'elle consiste dans une parfaite conve- » nance de ses actions, de ses paroles, de » ses regards même, avec toutes les cir- » constances où l'on peut se rencontrer, » et ce nombre infini de situations qu'oc- » casionne la différence des temps, des » lieux, des choses et des personnes. Ce » qui est politesse à la cour, passeroit pour

» moquerie et impertinence dans un vil-
» lage, et les civilités d'un paysan pour-
» roient être prises à la cour pour brutalité.

» La politesse, semblable en cela à la
» charité, ne couvre pas seulement une
» multitude de péchés et de fautes; elle
» supplée même, jusqu'à un certain point,
» au manque de quelques vertus. Dans le
» cours ordinaire de la vie, elle tient lieu
» de la bonté du cœur; souvent même
» elle fait ce que celle-ci ne feroit pas: elle
» fait suivre aux sots et aux gens d'esprit
» ces bienséances que ces derniers ne sont
» que trop capables de violer, et que les
» premiers n'ont jamais connues.

» La politesse, dit encore lord Chester-
» field, fait l'ornement et le bonheur du
» commerce de la vie; elle nous attache
» et nous rend chers les uns aux autres;
» et en même temps qu'elle nous assure et
» nous permet une liberté raisonnable,
» elle met un frein à cette licence indécente
» dans les discours, qui éloigne les hon-
» nêtes gens, ou qui les révolte contre
» nous. Les grands talens illustrent un
» homme, un mérite éclatant le fait res-
» pecter, un profond savoir le fait estimer

» la politesse seule lui gagne les caresses. »

Quoique cet ouvrage soit principalement destiné, comme nous l'avons dit, aux jeunes gens qui entrent dans le monde, nous ne négligerons pas de faire connoître quelques détails importans aux jeunes personnes du sexe. Les maîtres de maison pourront même y trouver quelques conseils salutaires.

PREMIÈRE PARTIE.

Distribution de la journée d'un homme du Monde.

Si je n'avois en vue que la conservation de la santé, je dirois que rien n'est plus pernicieux que cette coutume qui devient de jour en jour plus générale, et gagne de proche en proche les classes inférieures de la société, de faire du jour la nuit et la nuit du jour. Je dirois qu'un homme tempérant et sage ne doit pas se coucher plus tard que dix heures, et qu'il doit se lever avec l'aurore; mais un tel précepte seroit trop rigoureux pour être écouté, et, d'ailleurs, d'après le plan même auquel nous nous sommes assujettis, nous devons parler plutôt de ce qui est réellement, que de ce qui devroit être.

Il faut seulement avoir soin de régler l'heure de son lever, d'après celle où l'on a été dans l'indispensable nécessité de se livrer au repos. Une personne vigoureuse et d'une bonne santé n'a pas besoin de plus de sept heures ou sept heures et demie de sommeil.

CHAPITRE PREMIER.

Visites du matin. Déjeûner.

Il arrive quelquefois que nous sommes encore au lit, lorsque nous sommes surpris par une visite. Ceux qui viennent chez nous à une pareille heure, et avant qu'il soit *jour chez nous*, sont ordinairement des personnes avec qui l'on est dans une liaison intime, et avec qui on ne se gêne pas ; ou bien, ils sont amenés auprès de nous par des affaires pressantes.

Dans ce dernier cas, la civilité et la politesse exigent que nous les fassions attendre le moins qu'il est possible, et que nous nous habillions en diligence, pour être en état de donner audience, soit dans notre cabinet, soit dans une autre salle.

Si la personne que nous recevons est assez intime avec nous, pour que nous ne regardions pas comme incivil de la faire entrer dans notre chambre à coucher, ou si elle nous surprend au lit, alors il est indispensable que nous y restions. Il seroit indécent de nous habiller devant un étranger.

Tels sont les préceptes que nous devons suivre nous-mêmes dans nos visites du matin, qui sont d'ordinaire moins importantes que celles du milieu de la journée ou du soir.

Il faut sur-tout prendre soin à l'heure à laquelle on rend ces visites, eu égard aux habitudes connues ou présumées de la personne chez qui nous nous présentons. Il ne faut point visiter, à l'heure du déjeûner, une personne de notre connoissance, avec qui nous serions assez liés, pour qu'elle fût dans l'obligation de nous offrir de partager son repas, lorsque, cependant, une acceptation de notre part pourroit être importune ou indiscrète.

J'observerai, à cet égard, que si c'est nous qui recevons une visite au moment de nous mettre à table, il ne faut faire qu'avec beaucoup de réserve, et une certaine finesse, cette question que l'on fait assez ordinairement en pareil cas : *Avez-vous déjeûné?* Remarquez qu'une telle demande est, en quelque sorte, la sollicitation d'une réponse affirmative ; et si on répond non, nous sommes liés par la manière dont la question a été faite, et il devient impossible de ne pas presser la personne qui nous visite de s'asseoir avec nous. Si la réponse est affirmative, et que nous ayons eu cependant intention de retenir réellement la personne à déjeûner, toutes instances de notre part deviennent superflues.

Une question semblable, dans les termes que je viens de rapporter, ne peut être faite qu'à celui avec qui nous ne nous gênerions pas, qui ne se contraindroit pas avec nous, et qui pourroit nous répondre franchement oui ou non.

Si nous sommes invités à déjeûner dans quelque maison, il faut prendre garde encore de ne pas embarrasser la personne qui nous fait cet honneur, en la forçant à faire quelques dépenses ou préparatifs extraordinaires. Il ne faut pas que ce repas, ordinairement léger et frugal, dégénère, par notre inadvertance, en un repas long et somptueux, en ce que l'on appelle vulgairement un *déjeûner dînatoire*.

Si c'est du thé que l'on sert, il faut avoir égard à une certaine règle qui est d'un usage rigoureux en Angleterre, et que l'on a adoptée dans quelques maisons de Paris.

Quand on a pris un nombre de tasses suffisant, il est d'usage de placer sa cuiller dans la tasse. A ce signal, la personne qui a distribué le thé, est avertie que vous êtes satisfait, et ne vous en sert plus. Si, au contraire, vous laissez la cuiller dans la soucoupe, c'est annoncer que vous désirez continuer, et l'on vous en sert outre mesure : cela est fréquemment arrivé à Londres à quelques Français. On les inondoit de thé parce qu'ils ne mettoient point la cuiller à la place convenable, et qu'on interprétoit mal ce qu'ils disoient en français ou en mauvais anglais pour s'excuser d'en recevoir de nouvelles tasses.

CHAPITRE II.

Courses pour affaires. Visites de bienséance ou de cérémonie. Visites par billets, etc.

Avant ou après le déjeûner chacun s'occupe diversement selon son état, ses goûts, ses habitudes ou ses affaires.

Si des affaires à discuter et à surveiller vous appellent chez un avocat ou un notaire; si quelque sollicitation vous appelle chez un juge ou tout autre magistrat, il faut user avec une sobriété extrême des momens que cet homme public vous accorde. Il ne se doit pas seulement à vous-même, mais à d'autres qui l'attendent peut-être dans son antichambre, et dont les affaires ne seroient jamais expédiées, si la vôtre absorboit tout le temps de celui qui vous donne audience.

L'avocat dont vous êtes le client; le médecin que vous allez consulter et dont vous payez les conseils, les talens, et les lumières, ne sont pas occupés de votre seul procès, de votre seule maladie; leurs méditations, leurs travaux, sont partagés entre une foule de personnes que le bruit de leur réputation a conduites chez eux, ou mises dans le cas d'invoquer leur secours.

Un plaideur éprouve, il faut en convenir, de fréquentes et cruelles contrariétés, quand il voit que l'homme à qui il a plusieurs fois recommandé ses intérêts, à qui il a confié des pièces importantes depuis un long intervalle de temps, ne s'en est pas occupé, ou n'y a jeté qu'un coup-d'œil superficiel. Mais cette indifférence du procureur ou de l'avocat est souvent plutôt la faute du client que la sienne propre. Celui-ci, rempli des détails de son affaire, la voyant tout entière dans un point où la plupart du temps ne se trouve pas en effet le véritable objet de la difficulté, va sans cesse l'étourdissant de renseignemens fastidieux et inutiles : il lui recommence cent fois l'exposé de sa cause, le dégoûte et le fatigue au lieu de l'instruire.

Ces importunités, à l'égard de l'homme qui est de notre choix, dont nous payons les soins par de légitimes honoraires, prennent un caractère plus grave à l'égard de juges et d'hommes publics qui ne sont pas précisément obligés de nous recevoir, qui ne nous accordent qu'une audience bénévole.

J'ajouterai que cette sollicitation auprès des juges, est plutôt une chose de bienséance, ou de civilité, que d'une utilité réelle pour la cause. Il est rare que le magistrat qu'on va voir, entre avec vous dans de longs détails sur votre procès; il se borne à vous demander un mémoire imprimé ou des documens écrits : il promet d'examiner et de rendre justice; mais presque jamais il ne vous laisse entrevoir son opinion. Il seroit plus qu'indiscret de lui faire soit des interrogations directes, soit des questions captieuses à ce sujet.

Quant aux ministres et aux chefs d'administrations publiques, leurs audiences sont sujettes à des formes qu'il n'entre pas dans notre plan d'expliquer ici. Assez généralement on n'est admis auprès de ces personnes importantes, qu'après leur avoir demandé par écrit un rendez-vous. Le cérémonial que l'on doit observer avec eux, les titres de respect qu'on leur donne dans le discours, sont déterminés par des réglemens exprès (1).

L'habillement que l'on doit avoir dans ses visites ou dans ses courses du matin est encore une chose à considérer. Il faut en tout temps et à toute heure du jour être mis proprement, sur-tout lorsqu'on est dans le cas de recevoir quelqu'un chez soi, ou de rendre des visites au-dehors. Il y a aujourd'hui beaucoup moins de différence qu'il n'y en avoit jadis entre les habillemens des diverses saisons, entre la mise du matin et celle de l'après-dîner, et la grande parure qu'on étoit obligé d'avoir pour se présenter dans un cercle.

Un homme de la moyenne classe pourroit conserver, sans paroître ridicule, à-peu-près les mêmes habits pendant les plus grands froids et les plus grandes chaleurs; et même parmi les gens aisés et riches, toute la différence qui existe entre l'habillement de chaque saison, consiste à porter pendant l'hiver une redingotte ou un autre vêtement par-dessus un habit qui est inva-

(1) Voyez ci-après le chapitre relatif à la correspondance.

riablement de drap, et de la même étoffe, soit en été, soit en hiver.

Il y a quelques années, on ne connoissoit presque pas de distinction entre le négligé élégant et la grande parure. Des jeunes gens de mauvais ton avoient introduit l'usage de se présenter dans les meilleures sociétés, et d'aller dîner en ville, avec un pantalon et des bottes. On est revenu à des manières plus décentes. On ne sort plus en bottes que pour faire des courses indifférentes et pour vaquer à ses affaires habituelles. Mais quand on se présente chez une personne considérable, il est nécessaire d'avoir un habillement moins cavalier.

Autrefois, non-seulement les hommes de robe et les gentilshommes, mais les bourgeois aisés, ne sortoient en cérémonie qu'avec l'épée au côté et le chapeau sous le bras; les cheveux, élégamment frisés et poudrés, étoient enfermés dans une bourse. Ce cérémonial, long-temps banni de la capitale, y a enfin reparu; mais il n'est guères d'usage qu'à la cour: on se présente en simple frac et en chapeau rond dans les meilleures compagnies.

Si on a l'épée au côté, on ne la quitte

pas, à moins que ce ne soit pour danser. La petitesse des gilets, et l'extrême hauteur de la ceinture, même dans les habits parés, sont cause que l'on porte aujourd'hui l'épée beaucoup plus droite qu'autrefois. Il n'est plus besoin de la placer entre ses jambes quand on est assis, et on peut la conserver à table.

Lorsqu'on est porteur d'un chapeau à cornes, aplati, autrement appelé *claque*, on peut le garder sous son bras dans un salon; mais quand on a un chapeau rond, si la visite doit être de quelque durée, il faut s'en défaire, le laisser dans l'antichambre, ou le déposer sur un meuble quelconque. C'est ordinairement le bas des consoles qui est destiné à cet usage.

Les visites de bienséance et de cérémonie exigent de nous plus de soins et une tenue plus soignée que les simples courses pour nos affaires.

Il faut dans ce cas, plus que dans tout autre, avoir soin d'abréger ses visites le plus qu'il est possible. Un peu d'habitude vous apprendra aisément si la personne chez laquelle vous vous présentez n'est pas importunée par un trop long entretien avec elle. Bien certainement elle ne vous congédieroit pas d'elle-même ; il faut donc juger par ses regards, par ses gestes, et sur-tout par la manière dont elle fournit à la conversation, si elle desire plus ou moins que vous demeuriez.

Quand le sujet dont vous parliez d'abord est épuisé, si la personne garde le silence, ou bien, si elle appelle quelqu'un, ou si elle se lève sous quelque prétexte, il faut saisir cet instant pour vous retirer.

Quand la société est nombreuse, il faut se retirer sans rien dire, et en quelque sorte s'éclipser, afin d'épargner au maître ou à la maîtresse de la maison l'embarras continuel de complimenter et de reconduire à tous momens les personnes qui sont venues chez eux, et qui sortent à des heures différentes.

Mais si vous êtes en tête-à-tête, ou que l'on s'aperçoive de votre sortie, on ne manquera pas de chercher à vous retenir ; on vous priera d'attendre quelques instans. Il ne faut pas vous méprendre à ce langage ; vous devez présenter vous-même une excuse, sur ce que des affaires ou d'autres motifs vous empêchent de prolonger votre visite ; et enfin prendre congé.

Quand la personne vous reconduit, il ne faut pas prodiguer les révérences, les salutations, comme cela arrive aux personnes qui ne savent pas leur monde. On salue une première fois, au moment où l'on prend congé, et une seconde fois, au moment où la personne qui vous reconduit est arrêtée sur la porte.

La manière de reconduire son monde, ou d'être reconduit soi-même, est une des plus grandes difficultés pour les personnes qui se piquent d'être polies. L'usage le plus général est de reconduire jusqu'à la porte de l'escalier; mais quelquefois on accompagne jusqu'à la porte de la maison ou de la rue. Cette nécessité est sur-tout indispensable, si la personne qui vous a visité est une dame; il faut lui donner la main, soit pour descendre l'escalier, soit pour l'aider à monter dans sa voiture.

Quand on présente la main à une dame, c'est la droite qu'il faut offrir. Il y a cependant des exceptions à cette règle. Par exemple, ou vous-même, ou la personne que vous accompagnez, vous pouvez avoir une infirmité qui prescrive rigoureusement le côté où l'on doit donner la main.

Il y a encore une autre exception, dont l'application est plus fréquente ; c'est lorsqu'il s'agit de monter ou de descendre un escalier. Le coté de la muraille est réputé plus honorable que celui de la rampe. En effet, dans les escaliers tournans, et qui ne vont pas en ligne droite, les degrés sont étroits du côté de la rampe, le pied est sujet à y glisser. Il seroit de la dernière impolitesse de donner ce côté à une dame. Si vous ne pouvez lui épargner ce désagrément qu'en lui présentant la main gauche, il n'y a pas à hésiter.

La même chose arrive, lorsque vous rencontrez dans un escalier une dame ou un homme qui vous soit supérieur en dignité ; il faut lui céder le haut de l'escalier, c'est-à-dire le côté du mur.

Les personnes très-répandues dans le monde sont sujettes à recevoir tant de visites, et à en rendre un si grand nombre qui sont de pure civilité, que la vie entière ne suffiroit pas, si l'on vouloit s'astreindre scrupuleusement à toutes ces formalités. On a imaginé un moyen commode de rendre en apparence des visites, sans cependant voir en effet la personne qui est l'objet de cette attention.

Ce procédé consiste à écrire son nom sur une carte, et à la laisser, soit au portier, soit aux domestiques de la personne que l'on va visiter. Ce genre de visite par cartes a lieu particulièrement lorsqu'il s'agit de personnes qu'on ne pourroit entretenir chez elles sans les déranger ; par exemple, si elles sont malades. Mais il ne faut pas faire comme certaines gens, qui envoient porter tout simplement la carte par un domestique, et ne se donnent pas la peine de se déplacer eux-mêmes : cela est du plus mauvais ton, et vous attireroit des railleries amères, si on venoit à le découvrir. Il faut se déplacer en effet, et donner soi-même, ou faire remettre presque sous ses yeux la carte par un domestique.

Quelques personnes conservent soigneusement sur leur cheminée, et le long du trumeau de la glace, les cartes des visites qu'elles ont reçues. C'est encore une chose d'assez mauvais ton ; et si l'on examine bien, on voit qu'il y a dans cette conduite un motif secret d'orgueil et d'amour-propre.

On est bien aise d'afficher, en quelque sorte, les relations plus ou moins étroites que l'on a avec des personnes considérables et beaucoup au-dessus de notre condition.

Quelquefois vous vous trouvez dans le cas d'accompagner, dans sa maison ou dans la vôtre, une personne distinguée. L'honnêteté exige souvent que vous passiez devant elle, soit pour ouvrir les portes, soit pour arranger quelque chose qui seroit en désordre. Si par hasard elle avoit quelqu'incommodité qui lui rendît la marche difficile, vous lui donneriez la main ou lui offririez le bras pour l'aider.

Il en est à-peu-près de même si vous reconduisez le soir une personne qui soit venue vous rendre visite, et que vous ayez un ou plusieurs domestiques; il faut les faire marcher en avant avec un ou deux flambeaux pour éclairer (1); mais si vous êtes seul, vous devez prendre le flambeau vous-même et descendre le premier. Comme

---

(1) On reconduit avec des flambeaux quand même l'escalier seroit éclairé avec des lampes ou d'une autre manière.

il seroit impoli de tourner le dos à une personne pour laquelle vous devez avoir du respect, vous devez en ce cas vous *effacer*, c'est-à-dire vous montrer un peu de profil.

La conduite que l'on doit tenir pendant le temps de la visite n'est pas soumise à des formalités moins impérieuses. Nous parlerons plus tard de la conversation, c'est-à-dire de ce qui se passe dans un cercle ou réunion de plusieurs personnes que rassemble le plaisir de la société : occupons-nous ici de l'entretien qui peut avoir lieu entre des personnes qui se visitent par une sorte de cérémonial.

CHAPITRE III.

Entretien avec la personne qu'on visite.

LORSQUE vous entrez chez une personne considérable, vous devez vous faire annoncer par ses domestiques, si vous en rencontrez dans l'anti-chambre; si par hasard il ne s'en trouve pas sur votre passage, si vous entrez immédiatement dans la chambre ou le cabinet, il faut marcher doucement; si la personne y est, vous faites une inclination de corps, et vous la saluez respectueusement; si au contraire vous ne trouvez personne, il faut bien vous garder de chercher de côté et d'autre, vous devez au contraire sortir sur-le-champ, et attendre dans une autre pièce que l'on vienne vous recevoir pour vous annoncer ou vous introduire. Lorsque la porte du cabinet est fermée, quand même la clef seroit à la serrure, vous ne devez pas ouvrir d'abord : vous grattez doucement, et vous attendez que l'on ouvre, ou qu'on vous dise d'entrer.

Si celui que vous visitez est malade ou au lit, vous devez vous abstenir d'insister pour le voir, à moins que lui-même ne vous fasse prier d'entrer. Une fois admis, il faut faire votre visite la plus courte possible, parce que les malades ne doivent pas être dérangés : vous aurez soin de parler bas, et de n'obliger le malade à parler que le moins possible.

Lorsque la personne est occupée à lire, à écrire ou à d'autres affaires, il seroit très-impoli de la déranger. On attend qu'elle soit libre et qu'elle se tourne d'elle-même de notre côté en nous adressant la parole.

Si l'on nous prie de nous asseoir, nous devons céder, mais avec quelque résistance.

L'usage est de se placer du côté le plus près de la porte d'entrée, en laissant toujours ce qu'on appelle le haut bout à la personne supérieure que l'on visite. On observoit autrefois avec un soin extrême de choisir un siége moins élégant ou moins commode que le sien ; le fauteuil étoit regardé comme le plus honorable, ensuite la chaise à dos, enfin ce qu'on appeloit les plians. Aujourd'hui on connoît dans les salons quatre sortes de meubles ; les sophas ou canapés, les bergères ou fauteuils à coussins, les fauteuils simples et les chaises à dos. On ne fait plus usage de plians ou tabourets que pour appuyer les pieds ou les jambes.

Quand la personne qui reçoit est l'égale ou l'intime de celle qui la visite ; par exemple, si c'est une dame qui reçoit une dame, elle la fait placer auprès d'elle sur son canapé ; si la dame que l'on reçoit est une connoissance moins intime, et qu'on désire lui faire honneur, on la fait placer dans une bergère au coin de la cheminée. Les hommes se placent indistinctement sur les fauteuils ou les chaises.

Après les complimens d'usage, on parle soit d'affaires, soit de choses indifférentes.

Quelquefois il peut survenir des occupations à la personne avec qui nous nous trouvons ; dans ce cas il faut nous retirer, ou du moins en faire la démonstration ; si on nous retient, n'affectons pas de nous mêler de ce qui occupe la personne. Ce seroit, par exemple, une extrême indécence de lire par-dessus l'épaule de quelqu'un ce qu'il lit ou ce qu'il écrit ; de regarder ou de toucher des papiers déposés sur une table ou une cheminée. C'est encore un manque de savoir-vivre, que de s'approcher trop près des personnes qui comptent de l'argent, d'un coffre ouvert ou d'un cabinet dans lequel on cherche des bijoux, de l'argenterie ou autres effets précieux.

Si par hasard vous vous trouvez seul dans un cabinet avec le maître de la maison, et qu'il soit obligé de vous y laisser pour expédier quelques affaires urgentes, vous en sortirez jusqu'à son retour, à moins qu'il ne s'aperçoive de votre dessein et ne vous presse de rester.

S'il n'est pas convenable de regarder indiscrètement les papiers de la personne que nous visitons, il ne l'est guère moins de toucher ou de parcourir les livres placés sur sa table ou sa cheminée. Une conduite contraire, de notre part, peut lui être très-désagréable et la choquer. Une personne grave qui, dans un moment de solitude, s'occuperoit de lectures futiles ou peu convenables à son caractère, ne seroit peut-être pas satisfaite d'être surprise dans ce genre de délassement.

Il n'en est pas de même des livres qui

se trouvent dans les rayons d'une bibliothèque. C'est au contraire faire honneur à la personne chez qui nos affaires nous conduisent, que d'examiner les ouvrages dont se composent sa bibliothèque, et de lui en adresser nos complimens, parce que ces ouvrages sont réputés être l'objet de ses méditations et de ses études.

Si quelque nouveau venu arrive, et que le maître de la maison se lève, soit pour sortir lui-même, soit pour recevoir la personne qui entre, il faut absolument que nous nous levions aussi, quand même celui qui se présente dans le salon ou dans le cabinet seroit notre inférieur.

Une des questions bannales que l'on a coutume de faire à une personne lorsqu'on l'aborde, c'est de s'informer de l'état de sa santé. Cependant une telle demande suppose quelque familiarité; il ne seroit pas de la bienséance de l'adresser à une personne qui seroit notre supérieure, ou que nous ne connoîtrions presque pas.

Il y a, il est vrai, une manière indirecte de montrer du zèle et de l'empressement sans se rendre incivil par excès de familiarité: c'est de faire d'abord cette question, soit aux domestiques, soit à d'autres personnes de la maison, et de dire ensuite à la personne, en vous présentant auprès d'elle: je suis charmé, Monsieur ou Madame, d'apprendre que vous jouissez d'une santé parfaite, ou que vous êtes heureusement rétabli de votre indisposition, etc.

Quand vous avez à parler d'affaires à une personne à qui vous devez du respect, il ne faut pas entamer trop brusquement la conversation. Il est des complimens prescrits par l'usage, et sans lesquels vous ne pourriez d'abord parler de l'objet qui vous amène. Mais si la visite est de bienséance ou de cérémonie, la conversation exige encore des soins plus minutieux. Il est d'une extrême difficulté de dire des riens et cependant de les dire avec grâce; de donner une tournure, d'attacher de l'importance à des choses qui n'en ont point, ou qui en ont peu par elles-mêmes.

Cependant nous pouvons trouver aisément, avec un peu d'habitude, dans les relations habituelles de notre société commune, des moyens heureux d'amener et d'entretenir la conversation. Parler de la pluie et du beau temps, est la ressource des esprits étroits et vulgaires qui ne savent rien dire.

Mais il ne suffit pas de parler à celui que nous allons voir, de ses affaires, si nous en connoissons les détails, ou de l'occuper de ses plaisirs. La louange, qui, comme l'a dit le bon La Fontaine, *chatouille et flatte les esprits*, ne doit pas être négligée par nous, pourvu que nous en usions avec discrétion et sobriété, pourvu qu'elle ne dégénère pas en flatterie. Rien n'est plus offensant peut-être pour une personne sensée, qu'une basse adulation ; lui supposer des qualités qu'elle n'a manifestement pas, exagérer outre mesure les avantages qu'elle possède, c'est, sans nous en apercevoir, faire d'elle une critique pleine d'ironie et d'amertume.

Je ne prétends pas toutefois que l'on doive s'abstenir de complimens. Le philosophe austère, le misanthrope qui ne voudroit distribuer des éloges qu'avec connoissance de cause, qui prétendroit ne vanter que ce qui mérite réellement de l'être, joueroit un triste rôle dans le monde.

L'amour-propre fait que souvent chacun se flatte sur ses avantages réels, et qu'il se rend peu de justice sur ce qu'il dit ou sur ce qu'il fait, encore moins sur ce qu'il est. On peut même assurer que, pour l'ordinaire, ce sentiment de vanité n'en reste pas là. Nous ne nous contentons pas d'avoir bonne opinion de nos personnes, nous sommes encore bien aises que les autres ayent les mêmes sentimens; et comme nous nous accoutumons sans peine à entendre nos louanges, nous ne manquons pas de reconnoître pour nos véritables amis ceux qui nous les donnent (1).

Un flatteur est toujours bien reçu d'un homme qui se flatte lui-même, excuse ses propres foiblesses, et donne à toutes ses actions un prix infiniment supérieur à ce qu'elles peuvent valoir.

Je ne saurois mieux comparer le flatteur

---

(1) M. Picard, dans sa jolie comédie des *Ricochets*, a introduit un valet qui flatte son maître et l'accable de complimens. Le maître, satisfait, lui adresse ces mots, qui nous paroissent déceler une grande connoissance du cœur humain. « Coquin! tu ne penses pas » tout ce que tu dis, mais c'est égal, tu me fais plaisir. » Nous savons bien, en effet, qu'il faut rabattre plus ou moins des éloges qu'on nous donne, mais nous ne voulons pas révoquer entièrement en doute leur sincérité.

qu'à la fausse monnaie, elle paroît d'or et d'argent comme la bonne, et a souvent autant d'éclat; mais cette apparence trompe, et l'expérience fait enfin connoître ce qu'elle est. Il en est de même du flatteur et de l'ami. Le temps fait juger de la différence que l'on doit mettre entre l'un et l'autre.

Un flatteur loue ce qui ne le mérite pas, et ne blâme pas ce qui ne peut s'excuser. Au contraire, un ami également juste relève nos belles actions avec plaisir, et nous donne sans peine ses avis sur celles qu'il n'approuve pas.

La louange ne paroît jamais plus sincère que lorsqu'elle est tempérée par quelques conseils, ou par quelques critiques.

Il est, au surplus, dans le langage ordinaire, des complimens, des éloges qui sont comme de style, et que l'on peut donner sans tirer à conséquence.

Voici ce que dit à ce sujet un ingénieux voyageur anglais, M. Moore :

« Nos compatriotes, dit-il, accusent les » Français de manquer de sincérité dans » leurs promesses ou dans leurs offres de » service, mais ce reproche est souvent mal » fondé, la langue française est remplie

» de phrases de pur cérémonial et de simple » civilité, dont certes les Parisiens sur-tout » ne sont pas avares. Mais toutes ces belles » paroles n'ont pas plus de valeur dans leur » opinion que le *votre très-humble et très-obéissant serviteur*, et autres expressions » semblables que l'on met au bas des lettres » missives, où très-souvent on manifeste » tout le contraire de l'humilité et de » l'obéissance; et comme tous les habitans » de la France savent apprécier ces vaines » protestations, ils s'imaginent que les » étrangers les interprètent comme eux, » et ne s'avisent point de les prendre à » la lettre : aussi n'ont-ils point au fond » l'intention de tromper.

» Les formules de compliment, qui » abondent dans les langues modernes, » sont peut-être absurdes ou tout au moins » superflues, mais l'usage les a si solide- » ment consacrées, que les plus honnêtes » gens de la France et de l'Angleterre s'en » servent comme les autres, avec cette » différence néanmoins, que les Italiens » et les Français en sont plus prodigues » que tout autre peuple; mais nulle part » ces phrases explétives ne sont consi-

» dérées comme la preuve d'une amitié » sincère (1). »

Cependant l'homme du monde, qui se pique d'esprit, doit placer ses complimens à propos. Ce seroit une injure de vanter la beauté d'une femme évidemment laide ; de se récrier sur la belle taille d'une personne contrefaite ; de louer comme bons mots, ou comme des reparties spirituelles, ce qui ne seroit évidemment que sottises et impertinences. Il faut s'arranger de manière que celui à qui l'on fait des complimens, puisse compter sur la sincérité des choses obligeantes qu'on lui dit.

Les dames, sur-tout, doivent être l'objet de nos complaisances et de nos éloges. Un homme bien élevé ne sauroit montrer trop de respect aux femmes : les traiter avec incivilité seroit une brutalité révoltante ; de même que ne leur témoigner aucun égard, ce seroit annoncer une éducation très-négligée. Les femmes étant, par leur état et par

---

(1) Voyez l'extrait du voyage de Moore en France, dans la *Bibliothèque géographique*, traduite de l'allemand et de l'anglais par M. Breton, tom. VIII de la treizième année. (*Note de l'éditeur.*)

le rang qu'elles occupent dans la société, éloignées du sérieux des affaires, et ce genre de vie les rendant pour l'ordinaire plus enjouées, plus douces, plus aimables que les hommes, il faut savoir se proportionner auprès d'elles à leur caractère; prendre avec les dames un ton de gaieté et de galanterie; ne rien faire, ne rien dire qui puisse, soit directement, soit indirectement, leur déplaire ou les blesser.

Quelles que soient les personnes avec qui nous avons un entretien, évitons de rien dire qui puisse les désobliger, ou rappeler le souvenir de certaines circonstances fâcheuses (1). Ainsi, par exemple, il ne faut jamais plaisanter quelqu'un sur des vices de conformation; il faut même s'abstenir de dire indirectement quelque chose qui les rappelle. Il est encore moins permis de dire à quelqu'un qui relève d'une grosse maladie : Hé mon Dieu ! que vous avez le visage mauvais !

---

(1) Un proverbe trivial et grossier, mais néanmoins d'une vérité extrême, nous donne la juste mesure de notre circonspection à ce sujet. « Il ne faut jamais, dit » la sagesse des nations, parler de corde dans la maison » d'un pendu. »

Nous devons respecter jusqu'aux préjugés des personnes de qui le hasard nous rapproche. Si nous ne voulons pas les entretenir dans leur fausse opinion, ou du moins dans l'opinion que nous croyons telle, il faut cependant tolérer leur manière de voir.

S'il se trouve dans notre société une femme âgée, qui, ridiculement, ait la prétention de paroître jeune, ne lui rappelons point par des propos ironiques une chose qu'elle sait aussi bien que nous. Dire à une dame de cette espèce qu'il y a long-temps qu'on la connoît, qu'elle étoit fort jolie autrefois, c'est une cruelle mortification.

Il y a dans la société des personnes qui se font un plaisir malin de tendre dans la conversation quelques embûches aux personnes présentes, afin de leur faire dire involontairement quelque propos qui n'est pas convenable. Rien n'est plus perfide que ce genre de raillerie; tous les honnêtes gens doivent se l'interdire rigoureusement.

Les visites que nous faisons par simple procédé ne doivent être ni trop rares, ni trop fréquentes. Dans le premier cas, nous montrerions de l'insouciance; dans le second, nous deviendrions importuns. Il y a des circonstances essentielles où les visites sont d'une nécessité indispensable.

Par exemple, il est d'usage, lorsqu'on a été invité à dîner dans une maison, d'y faire une visite quelques jours après (1).

Il en est de même, lorsque nous recevons une lettre *de part*, c'est-à-dire un billet imprimé, par lequel une personne de notre connoissance nous donne avis de la naissance d'un enfant, d'un mariage, d'un décès, etc.; l'honnêteté exige que nous allions complimenter la personne, ou lui faire nos condoléances (2).

A la campagne, une personne qui vient occuper une maison voisine de la vôtre, se fait un devoir de vous visiter. Cette première visite, qui est de simple formalité, peut amener par la suite une liaison plus étroite. A Paris, où plusieurs ménages logent sous le même toît, il est assez généralement

(1) Cinq jours d'intervalle au moins, dix au plus; telle est la latitude présentée par le fameux auteur de l'*Almanach des Gourmands*, qui, au surplus, donne à ces visites le nom grossier et peu convenable de *Visites de digestion*.

(2) Voyez ci-après le Chapitre de la *Correspondance*.

d'usage que les nouveaux locataires fassent visite aux anciens (du moins à ceux qui sont à-peu-près de leur condition et de leur fortune); mais cette règle n'est pas toujours suivie.

On rend encore des visites, soit à l'époque des fêtes, soit au renouvellement de chaque année. Ce qui se pratique pendant les visites du jour de l'an est si universellement connu, que nous ne croyons pas devoir y insister.

Nous devons des visites à nos protecteurs, et aux personnes élevées en dignité, que nous voulons respecter.

CHAPITRE IV.

Manière de se conduire à l'église. Ce qui se pratique aux baptêmes, mariages et cérémonies funéraires. Règles relatives au deuil.

Nous ne rappellerons pas ici quelle est la disposition d'esprit et de cœur qu'un chrétien doit apporter à l'église, lorsqu'il la fréquente. Nous dirons seulement un mot des règles prescrites par la civilité pendant notre séjour dans les temples.

Si vous vous rendez à l'église avec une dame ou une personne d'un certain rang, vous devez, après être descendu de voiture, prendre les devants pour lui présenter l'eau bénite et vous placer ensuite derrière elle.

Nous n'avons pas besoin de recommander, dans cette circonstance, une attitude modeste et réfléchie. Toute personne qui entre dans un lieu consacré au culte divin, doit s'y comporter avec la plus grande vénération. Il ne faut pas avoir un air distrait, mais suivre ponctuellement ce qui se pratique pendant l'office. Il faut être debout, assis ou à genoux, selon l'ordre prescrit par le rituel. Par exemple, on se lève à l'évangile, et, pendant le reste de la messe, on se tient à genoux. Il faut dire ses prières à voix basse; si on a un livre, on doit y lire l'office du jour, et ne point marquer une distraction et une étourderie impardonnable, en feuilletant continuellement son livre. Il est sur-tout essentiel de ne pas parler avec ses voisins: une conduite contraire non-seulement donneroit de nous la plus mauvaise opinion, mais elle détourneroit les autres de l'attention qu'ils doivent au service divin.

Si vous assistez au sermon, observez le plus grand silence; restez assis dans une attitude décente, et ne vous avisez pas de paroître critiquer le prédicateur. Il y a, je le sais, des curés de village qui sont bien loin d'être des Bourdaloue et des Massillon. Leurs sermons fourmillent d'expressions triviales et de phrases incorrectes. Gardons-nous bien, en ce cas, de témoigner du dédain pour un pauvre ecclésiastique qui prêche du fond de son cœur, et fait tout son possible pour contribuer au bonheur de ceux qui l'écoutent. Si le style de cet honnête prédicateur n'est pas aussi fleuri, aussi élégant que celui d'un orateur de la cour ou de la ville, ses idées sont quelquefois mieux senties, et pour être naïvement exprimées, souvent elles n'en sont pas moins saines. Que le bon curé de village se mette à portée de ses rustiques paroissiens; c'est tout ce qu'il faut. Si, parmi ses ouailles, il se trouve des auditeurs plus délicats, il n'appartient pas à ceux-ci de le tourner en ridicule.

Quels que soient les talens de celui qui occupe la chaire, vous pouvez lui causer un autre genre d'interruption. Si vous êtes enrhumé, si vous toussez fréquemment, vous lui faites perdre le fil de ses idées; sa mémoire s'égare; le moins qui puisse arriver, c'est que vos voisins en seroient incommodés. Si donc vous éprouvez une telle indisposition, il vaut mieux vous abstenir d'aller à l'église, que de vous exposer à interrompre l'orateur chrétien. Cette précaution est également d'une observation rigoureuse dans toute espèce de réunion qui n'auroit que le plaisir pour objet.

Du temps de Louis XIV, on regardoit comme l'effet d'une indécente vanité, que les dames de la cour se fissent porter la robe dans l'église; on ne pouvoit se servir de carreaux ou coussins en présence de personnes éminentes. Quand on offroit le pain bénit, un simple particulier devoit n'en prendre qu'un seul morceau; mais si l'on présentoit la corbeille à une personne élevée en dignité, elle prenoit plusieurs parts, et les distribuoit à ceux qui l'accompagnoient.

La préséance, dans les églises, n'appartient plus aujourd'hui qu'aux membres composant les autorités constituées, qui y occupent des places marquées. Autrefois, lorsqu'il existoit des seigneurs, on alloit les recevoir à la porte de l'église avec un dais; cet usage ne se pratique plus.

Il y a des paroisses de campagne, où les auditeurs des deux sexes sont séparés; mais dans la plupart des églises il en est comme à Paris, les personnes des deux sexes sont confondues : le premier arrivé se place le premier, et il seroit indécent de troubler l'office divin pour se déplacer, et offrir à la personne qui est derrière vous une place plus commode. On n'observe un certain ordre de préséance, que dans les cérémonies qui ont lieu à l'église, et qui tiennent à l'état civil des hommes. Par exemple, les baptêmes, les mariages et les enterremens.

Lors d'un baptême, les parrain et marraine, l'enfant porté par sa nourrice, le père, et les autres personnes invitées à la cérémonie, doivent passer les premiers.

Dans une cérémonie funéraire, les membres de la famille obtiennent de droit les places les plus honorables, c'est-à-dire les plus proches derrière le cercueil.

Dans les mariages, la marche est ouverte par la mariée, à laquelle son père ou celui qui le représente donne la main; vient ensuite le futur époux, donnant la main, soit à sa mère, soit à une dame de ses parentes; et les membres des deux familles viennent à leur tour. Les rangs, dans ces occasions, sont si bien marqués, que, quand même le parrain et la marraine, l'époux et l'épouse seroient d'une qualité inférieure à celle des autres assistans; par exemple, s'ils étoient nos domestiques, ils n'en conserveroient pas moins la préséance qui leur appartient.

J'observerai, à l'égard du mariage, que, quoiqu'il soit de la politesse de présenter toujours la main droite à la dame que l'on conduit, ou de lui donner la droite lorsqu'on se trouve auprès d'elle, cependant le marié se place à la droite de la mariée. La raison en est que, dans cette cérémonie qui a pour objet de former un contrat civil, l'homme ne sauroit perdre la prérogative attribuée par la loi. En second lieu, l'époux devant passer l'anneau nuptial dans le doigt de la future, sa posture seroit gênante, et son attitude forcée, s'il se plaçoit à gauche.

Dans les petites villes de province, il est encore d'usage qu'après la messe où le mariage a été béni, le père du marié, ou un autre parent, prenne la nouvelle épouse par la main, et la conduise successivement devant tous les assistans, qui l'embrassent à leur tour. J'ai vu quelquefois pratiquer dans des églises de Paris cette cérémonie; elle est profane et indécente autant que ridicule.

Quant aux enterremens, il n'est pas besoin d'avertir ceux qui remplissent le triste devoir d'y assister, qu'ils doivent se comporter avec recueillement, et garder pendant toute la marche, soit à pied, soit en voiture, le plus profond silence, quand même ils ne seroient là que par simple civilité, et qu'ils connoîtroient peu le défunt dont on célèbre les obsèques.

Les parens du mort doivent également, par bienséance, éviter l'excès contraire, c'est-à-dire qu'ils ne doivent pas donner au public le spectacle d'une douleur excessive. Les anciens avoient des pleureurs à gages, qui assistoient aux cérémonies funèbres en versant des larmes factices, en jetant de grands cris, et en s'arrachant les cheveux; ils sentoient bien qu'un pareil rôle ne convenoit pas aux parens, à ceux qui pouvoient être sincèrement affectés : les grandes douleurs sont muettes.

A Paris et dans la plupart des grandes villes, les femmes n'assistent pas aux cérémonies funéraires, les hommes y vont seuls; mais dans quelques petites villes, et dans les villages, les femmes y sont admises. Il n'est guère d'usage que le mari assiste au convoi de sa femme. Les proches parens du mort sont en *pleureuses*, c'est-à-dire en grand deuil.

Nous ne décrirons pas la forme que doivent avoir les habits de deuil ; ils sont eux-mêmes sujets aux variations de la mode. Tout le monde sait que, pour les hommes, le grand deuil consiste à être en habit noir complet de laine, et non pas de soie, à avoir un crêpe au chapeau, point de poudre dans les cheveux. On ne porte point de bijoux, point de boucles d'or ni d'argent ; les boucles, de même que la garde de l'épée, sont d'un acier bleui par une trempe particulière.

Les femmes sont complètement en noir pendant la durée du grand deuil ; elles sont coiffées, soit d'un chapeau de paille noire, soit d'un bonnet garni de rubans de cette couleur funèbre. Les veuves ont une coiffure d'un genre particulier.

Pendant le petit deuil, ou lorsqu'ils sont en négligé, les hommes portent un habit de couleur à boutons noirs ; les femmes, des robes blanches bordées de noir, ou bien des robes mêlées de noir et de blanc.

La durée du deuil, après la mort d'un père ou d'une mère, est d'un an.

Les veuves ont six mois de grand deuil et six mois de petit deuil ; cependant les maris ne portent que durant six mois le deuil de leurs femmes.

On porte pendant trois mois le deuil d'un frère ou d'une sœur. Celui des autres parens dure deux mois, un mois, ou quinze jours, selon le degré de proximité.

Les légataires-universels, ou ceux qui ont reçu une libéralité du défunt, quand même ils ne seroient point parens, sont dans l'obligation d'en porter le deuil.

Les domestiques prennent et quittent le deuil en même temps que leurs maîtres.

Les deuils de cour sont fixés, pour leur durée et pour la nature de l'habillement, par des réglemens que l'on annonce dans les journaux.

Les militaires en deuil gardent leur uniforme; mais ils portent un crêpe noir au chapeau, à la garde de l'épée et au bras gauche. C'est peut-être par la raison que les militaires ont une manière différente de prendre le deuil, que les souverains de la France, depuis un temps presqu'immémorial, ont adopté pour le deuil la couleur violette.

Une personne qui est en deuil, fût-ce d'un parent très-éloigné, qui lui seroit indifférent, avec qui même elle auroit eu des procès ou d'autres inimitiés éclatantes, doit, pendant toute la durée de son deuil, prendre une attitude modeste, et s'abstenir de tout divertissement bruyant, et, surtout, ne point se présenter dans une fête ou dans un bal. On peut cependant se présenter en deuil dans la société, mais après un intervalle prescrit par la décence.

CHAPITRE V.

Ce que l'on doit observer à table.

« Depuis que l'on dîne, à Paris, à cinq, » six ou sept heures du soir, dit le spiri- » tuel auteur de l'*Almanach des Gour-* » *mands*, le déjeûner y est devenu un vé- » ritable repas; et dans beaucoup de mai- » sons il ne diffère du dîner que par l'ab- » sence de la soupe, et la réunion des trois » services en un seul, en forme d'ambigu; » car l'on y prend ordinairement du café » et des liqueurs. Il est à croire que par » une succession de temps, dont il est dif- » ficile de pouvoir au juste fixer la durée, » mais dont l'époque est peut-être moins » éloignée qu'on ne pense, le dîner, tou- » jours retardé, deviendra un véritable » souper: car à dix heures du soir, par » exemple, il sera difficile de lui conserver » sa première dénomination; et par une » conséquence nécessaire, le déjeûner re- » culé aussi dans les mêmes proportions,

» s'appellera dîner dès qu'il commencera à » trois ou quatre heures. Nous reviendrons » donc ainsi naturellement et sans se- » cousse, aux mœurs de nos pères. »

Quoique la nature des mets qui composent un déjeûner *à la fourchette*, et un dîner véritable, soient très-différens, cependant les règles de bienséance à observer sont à-peu-près les mêmes.

Lorsqu'on est invité à un repas, dans une maison considérable, il faut s'informer bien exactement de l'heure à laquelle il doit avoir lieu, afin de n'arriver ni trop tôt ni trop tard. En arrivant trop long-temps d'avance, nous pourrions causer de l'embarras au maître de la maison. En arrivant trop tard nous nous ferions attendre. Mais il faut aussi pour cela que le maître de la maison n'induise pas ses convives en erreur, qu'il leur fasse savoir l'heure précise.

« Il faut se souvenir, dit plaisamment » M. G. D. L. R., que dans la manière » de déterminer l'heure à Paris, quatre » heures signifie cinq ; quatre heures pré- » cises, quatre heures et demie ; et quatre » heures très-précises, quatre heures. »

Il ne faut pas, au surplus, prendre à la lettre cette plaisanterie : on aura une mesure plus juste et plus sûre, si l'on connoît les habitudes de la maison.

L'invitation à un repas est ou verbale ou par écrit. Dans le premier cas, il faut accepter franchement ou refuser de même, et ne point avoir l'air de nous faire presser. Dans le second cas, l'invitation se fait d'ordinaire deux ou trois jours d'avance. Quand vous avez reçu le billet qui vous en fait part, si votre intention est de vous y trouver, il est bon de répondre par écrit, quoiqu'en pareil cas le silence soit censé équivaloir à une acceptation ; mais si quelques affaires vous empêchent d'accepter, il faut répondre sur-le-champ et sans perdre une minute. Le refus doit être fait dans des termes polis, quand même la raison que vous alléguez seroit un prétexte.

Une fois engagé vous ne pouvez plus vous dégager, à moins qu'il ne survienne des causes infiniment graves.

Le convive invité, vêtu de ses habits les plus propres, doit arriver à l'heure précise. En entrant dans le salon, il suivra, pour saluer le maître de la maison ou les autres personnes, les règles que nous exposerons ci-après (1).

Il y a dans Paris quelques maisons où, avant de passer dans la salle à manger, on donne à chacun des convives, suivant la mode hollandaise, un verre de liqueur, ordinairement de *Vermout*; c'est ce qu'on appelle le *coup d'avant*. Mais dans presque toutes les maisons ce cérémonial n'est pas observé.

Quand un domestique a annoncé que le dîner est servi, il ne faut pas se lever avec empressement, mais attendre le signal que donne, quelques minutes après, le maître ou la maîtresse de la maison (2).

---

(1) Voyez le chapitre relatif à la conduite que l'on doit tenir en entrant dans un cercle.

(2) Le terme d'*Amphitryon*, adopté par l'auteur ingénieux que nous venons de citer, est bien plus commode et évite une périphrase. On sait quelle en est l'origine : il est tiré d'une comédie de Molière, de ce mot piquant de Sosie : *Le véritable Amphitryon est l'Amphitryon où l'on dîne*. On peut se servir sans conséquence de cette expression dans la société. Mais le mot d'*Alcmène*, que le même écrivain emploie pour désigner la femme de l'*Amphitryon*, ne me paroît pas, à beaucoup près, aussi heureux : il a même, si j'ose le dire, quelque chose d'indécent.

Le maître de la maison, après avoir adressé aux convives l'invitation polie de se rendre dans la salle à manger, passe ordinairement le premier. Les convives donnent chacun la main à une dame. Quand il se trouve dans la réunion autant de femmes que d'hommes, ce passage du salon dans l'autre pièce ne laisse pas d'exiger quelques attentions délicates. Il faut que vous sachiez de vous-même vous mettre à votre place, et ne présenter la main qu'à une dame du même rang que vous, ou d'un rang inférieur. Ce seroit une action de la dernière impolitesse, que de vous emparer de la dame la plus jolie ou la plus considérable, si vous n'êtes vous-même le principal convive. Une autre observation, non moins rigoureuse, c'est que vous devez conserver à la dame que vous conduisez la préséance qui lui appartient, et en même temps ne pas la faire passer devant les dames à qui elle-même devroit de la considération. Toutes ces choses ne peuvent s'apprendre que par l'usage; aucun précepte ne sauroit les faire acquérir.

Dans les réunions peu nombreuses, et lorsque les personnes qui les composent se connoissent par une fréquentation habituelle, il n'est pas difficile de prendre les places. Le maître ou la maîtresse de la maison indique à chacun, soit d'un coup-d'œil, soit verbalement, le siége qui lui est destiné, et les dames auprès de qui il doit s'asseoir.

Mais dans les sociétés nombreuses, et lorsque les convives n'ont pas d'intimité entr'eux, il est bon de déterminer d'avance les places respectives, en écrivant le nom de chacun sur le couvert qu'il doit occuper.

Cet arrangement des convives n'est pas une petite affaire. Le maître de la maison doit avoir égard à une foule de choses, et principalement au rang respectif des convives, et au plus ou moins de plaisir qu'ils doivent avoir les uns auprès des autres. Il faut qu'il sache donner à chacun la place qui lui appartient, et en même temps bien assortir son monde.

Il est d'usage que le maître et la maîtresse de la maison se placent en face l'un de l'autre. Si la table est carrée, ou ovale, ils occupent la place du milieu dans le sens de la longueur.

La maîtresse de la maison fait placer à

sa droite le principal convive, et à sa gauche celui qui le suit immédiatement. A la droite du maître de la maison se place la dame la plus considérable, puis à sa gauche une autre dame. Si le nombre des hommes est à-peu-près égal à celui des dames, on a soin de les entremêler.

On ne laisse point d'ordinaire un mari à côté de sa femme, et l'on affecte même quelquefois de les placer à de grandes distances, par exemple à des extrémités diamétralement opposées. Tels sont les principes de l'urbanité française, que les maris, même les plus jaloux, doivent en public montrer la plus grande sécurité.

On observe pareillement de ne point placer les jeunes gens auprès des jeunes personnes; mais cette règle est d'une application moins générale.

Tous ces arrangemens doivent être combinés de telle manière, que les conviés d'un rang inférieur, ou moins âgés, soient constamment placés au bas-bout de la table, c'est-à-dire du côté le plus voisin de la porte d'entrée.

Lorsque les convives sont tous à-peu-près égaux, soit par leur rang, par leur âge, et qu'ils sont également amis de la maison, la dame qui en fait les honneurs sait avec adresse distribuer les places sans blesser l'amour-propre et, sans paroître accorder de préférence. Les personnes qui mangent habituellement chez elle, occupent tour-à-tour les places de faveur ou celles réputées moins honorables.

Le maître de la maison est ordinairement celui qui sert le potage. S'il y a plusieurs soupières, le soin d'en faire la distribution se partage entre plusieurs personnes. On sert les dames les premières, et les autres convives chacun à son tour. Il faut avoir soin, lorsque l'assiette vous est remise, de ne pas la garder pour vous-même, mais de la passer à votre voisin.

On ne se sert point de fourchette, mais seulement de sa cuiller pour manger la soupe. Quand la soupe est mangée, il ne faut pas mettre la cuiller sur la nappe, mais la laisser sur son assiette en attendant qu'un domestique vienne la prendre. Il vous en donne une autre si la nature des autres plats est telle qu'une cuiller soit nécessaire pour en faire usage.

Après le potage, chaque convive se sert

à lui-même un doigt de vin pur dans son verre; c'est ce qu'on appelle le *coup d'après*. C'est le seul où il soit permis à un homme de bonne compagnie de boire le vin ordinaire sans le tremper : dans toute autre occasion, il faut mettre une certaine proportion d'eau dans son vin, quelque petite qu'elle soit.

Si l'on vous sert des œufs frais, il faut les ouvrir avec propreté, en les cassant par le gros bout. Quand vous avez fini, vous brisez la coquille avant de la donner aux domestiques.

Il ne faut vous aviser de couper les viandes ou d'autres mets, que dans le cas où vous avez pour cela quelque habileté. Ce n'est pas ici le lieu de décrire les différentes manières dont chaque espèce de viandes ou de volailles doit être découpées : cela ne peut s'apprendre que par l'exemple et par la pratique.

J'observerai seulement que pour partager le poisson, il ne faut point se servir de son couteau. Dans les petits ménages on se sert, suivant l'occurrence, d'une cuiller ou d'une fourchette; mais sur les tables bien garnies on a pour cet effet une *truelle* d'argent ou de vermeil.

Quand même le pain seroit à votre portée, il ne faut pas le couper vous-même, mais en demander un morceau à un domestique, qui vous le présente sur une assiette. Il faut en mangeant rompre le pain avec les doigts et non pas le couper avec un couteau, à moins que ce ne soit pour tailler les *mouillettes* avec lesquelles vous mangez les œufs frais. S'il tombe de la mie sur la table (ce qu'il faut éviter le plus possible) vous l'enlevez avec votre couteau.

Quand le maître de la maison vous propose des vins d'entremets, ou quand vous lui en demandez, il faut éviter de qualifier simplement ces vins par le nom du terroir qui les produit. Ainsi, on ne doit pas dire du Champagne, du Bourgogne, du Bordeaux ou du Madère; mais il faut dire du vin de Champagne, de Bourgogne, etc.

Il est d'autres locutions bourgeoises qu'il faut éviter dans la bonne compagnie. On ne dit pas du *bouilli*, mais du *bœuf*; on ne se sert pas du terme de volaille pour parler d'oiseaux de basse-cour: on en détermine l'espèce, on dit: du chapon, du poulet, de la poularde, etc.

Quand on vous fait passer une assiette

sur laquelle se trouvent des morceaux tout découpés, il ne faut en prendre qu'un seul morceau, et ne pas choisir le meilleur. Vous ne devez pas non plus l'arrêter longtemps, mais paroître prendre au hasard.

On change d'assiettes à chaque plat que l'on mange, et de couverts à chaque service. Il ne seroit pas honnête de présenter son assiette sale pour demander d'un mets dont on n'auroit pas encore goûté.

Il faut se tenir à table décemment, et ne point se mettre de côté. On tient les mains au-dessus de la table et en évidence; il n'est pas permis d'y appuyer les coudes.

Si vous prenez vous-même quelque chose dans un plat, il ne faut pas vous servir de votre cuiller ni de votre fourchette, mais des couverts qu'on a mis exprès sur la table.

Il y a des choses que l'on prend avec la main. Par exemple, les homards, les écrevisses, les macarons, les biscuits, les marrons rôtis et bouillis, et les fruits crûs. On doit prendre les fruits par la queue, et n'y toucher que de l'extrémité des doigts.

Si vous partagez une poire avec quelqu'un, après l'avoir coupée en deux, vous la placez sur une assiette, et présentez à la personne le côté où tient encore la queue.

Il y a plusieurs manières de peler et de partager les oranges ; mais, dans tous les cas, une extrême propreté est requise, et il ne faut point toucher les fruits à pleines mains.

Autrefois, on attachoit un coin de sa serviette à sa boutonnière ; cette précaution étoit nécessaire lorsqu'on portoit des vestes richement brodées et des jabots de prix. La parure des hommes étant devenue beaucoup plus simple depuis la révolution, l'usage d'attacher ainsi sa serviette est tombé en désuétude, et il n'a pas repris faveur, quoique dans les grandes compagnies le costume *paré* soit à-peu-près le même qu'il étoit autrefois.

On pose simplement sa serviette sur ses genoux ; c'est à sa serviette qu'il faut essuyer ses doigts et son couteau lorsqu'ils sont sales, et jamais on ne se sert de la nappe elle-même. Cette méthode n'a lieu que parmi les Anglais, qui ne font point usage de serviettes, mais de longues nappes tombant par terre.

Quand vous vous versez du vin, il faut

d'abord en offrir à vos voisins, mais ne pas leur en donner malgré eux ; et ne leur en servir que la quantité qu'ils desirent. Si par hasard on vous donne du vin sans que vous en ayiez demandé, vous êtes libre de laisser le verre plein, et de ne plus boire de vin ordinaire pendant le reste du repas ; mais si une fois le verre est entamé, il faut l'achever. On boit ordinairement son verre d'un seul trait, et sans rien laisser dedans.

On se sert, pour boire le vin ordinaire, d'un seul verre pendant tout le repas ; mais les vins d'entre-mets se servent dans des verres à pattes, que le maître de la maison envoie tour-à-tour à chaque convive.

Le vin de Champagne se verse dans des verres étroits et profonds, afin de favoriser le développement de la mousse. Si ce vin est très-mousseux, on ne donne pas les verres pleins ; mais on fait passer à chaque convive la bouteille, afin qu'il se serve lui-même. Quand cela arrive, il faut observer la plus grande propreté, et ne rien laisser tomber ni sur la table, ni sur soi-même, ni sur ses voisins.

Il y a des maisons où les convives renvoient leurs domestiques ; d'autres où ils se font servir par eux à table. Si vous gardez vos gens, il faut leur recommander de ne pas borner à vous-même leurs services, mais de les rendre aussi aux personnes qui se trouvent auprès de vous. Enfin, il faut leur ordonner de se retirer dès que la table est desservie, parce que les gens de la maison doivent seuls être nourris à l'office.

Il y a des maisons où l'on fait des exceptions à cette règle, en faveur de tel ou tel convive ; cela arrive sur-tout à la campagne, où l'on ne peut guère se dispenser de nourrir les domestiques et les chevaux des personnes que l'on reçoit.

Vous ne devez pas adresser la parole tout bas à votre domestique pendant le dîner ; s'il fait mal son service, vous ne devez pas le gronder, mais réserver vos réprimandes pour votre retour.

Une fois à table, vous ne pouvez plus en sortir, sous quelque prétexte que ce soit, avant la fin du repas.

Si cependant vous étiez surpris par un besoin ou une incommodité, auxquels vous ne pourriez résister, vous vous leveriez de table, et passeriez dans une pièce voisine ;

mais vous ne devriez plus reparoître au repas.

Il est rare que, dans les premiers momens d'un bon repas, la conversation soit animée. Les convives songent d'abord, comme cela est naturel, à satisfaire leur appétit; mais c'est à l'entre-mets, et sur-tout au dessert, que les gens du monde font valoir leur esprit et leur gaieté. Un agréable entretien ne contribue pas seulement à faire passer joyeusement le temps; il favorise encore la digestion, parce que l'on mange avec plus de lenteur. Nous développerons, dans un des chapitres suivans, les règles que doit observer tout homme bien né dans une conversation quelconque.

Il y a à table une précaution de plus à prendre. La présence des domestiques, et très-souvent de domestiques étrangers, est inévitable. Il ne faut rien dire, soit aux dépens des absens, soit en matière politique, qui puisse être mal interprété et dénaturé par la malveillance.

D'ailleurs, à une table nombreuse, la conversation ne sauroit être générale; on ne peut guère parler qu'à ses proches voisins. On ne doit pas entamer de longues dissertations; elles seroient nécessairement interrompues par les services des différens mets. Le seul genre d'entretien qui puisse avoir lieu dans une pareille circonstance, ce sont des discours légers, badins, assez ordinairement frivoles ou décousus, enfin, ce qu'on appelle des *propos de table*. C'est au maître de la maison à diriger ces propos avec adresse, à les faire naître, à fournir à chacun les moyens de briller dans le jour qui lui est le plus avantageux.

Si tous les convives se connoissent déjà tant soit peu, rien n'est plus facile que d'établir et de soutenir une conversation agréable; mais il arrive souvent que la plupart ne se connoissent pas entr'eux. Le maître de la maison s'empresse de leur faire faire connoissance; et c'est pour cela sur-tout qu'il doit assortir son monde, c'est-à-dire placer dans le voisinage les uns des autres ceux dont la tournure d'esprit, le genre d'occupations, ou les goûts offrent le plus de similitude et d'analogie.

Au dessert, on est échauffé par les vins; la conversation est plus gaie et plus bruyante. Il est rare qu'alors les convives ne se suffisent pas à eux-mêmes. Il y a des maisons où l'on fait chanter au dessert les dames ou les demoiselles; d'autres où il seroit impoli de leur faire cette demande: tout dépend des lieux, des circonstances, et du caractère des personnes qui composent la réunion.

Quelquefois on prend le café à table immédiatement après le dessert; mais aujourd'hui l'usage s'est presque généralement introduit de boire dans le salon le café et les liqueurs.

C'est au maître de la maison à donner le signal de quitter la table, et à saisir pour cela le moment opportun. Tous les convives se lèvent alors ensemble. Les cavaliers présentent la main aux dames, et l'on entre dans le salon, mais l'on n'observe pas le même ordre que pour entrer. Le maître de la maison sort le dernier, parce qu'il est censé avoir des ordres à donner à ses gens. Les dames se placent alors sur des siéges auprès de la cheminée, si c'est en hiver, ou dans une autre partie du salon, si c'est en été; les hommes peuvent d'abord se tenir debout.

Autrefois le café se distribuoit dans une cafetière portée par le maître-d'hôtel ou autre officier, suivi d'un valet-de-chambre chargé du cabaret sur lequel étoient rangés les tasses et le sucrier. Ils s'arrêtoient devant chaque convive, et les servoient à leur tour.

Mais aujourd'hui on dresse au centre ou dans un des angles du salon, une fontaine élégante entourée de tasses et de soucoupes, le tout disposé sur un double guéridon. Le maître de la maison, ou celui qu'il charge de ce soin, remplit les tasses après que chaque convive y a mis la quantité de sucre qu'il désire. Chacun va ensuite prendre son café et le *humer* à son aise dans un coin du salon.

Le café doit se boire dans la tasse même; la soucoupe n'est là que pour la propreté; il ne faut jamais transvaser ce breuvage dans la soucoupe quand même il seroit bouillant.

On sert les liqueurs de deux manières: tantôt les bouteilles sont rangées sur le même guéridon, tantôt elles sont dans des flacons renfermés, douze par douze, dans un grand coffre de bois des îles, qui a la forme d'un nécessaire.

Tantôt le maître de la maison verse lui-même les liqueurs dans les petits verres, et les propose aux convives en leur en annonçant l'espèce; tantôt les convives s'emparent eux-mêmes des flacons et des bouteilles, et se servent à volonté.

Il est rare que l'on boive plus d'une espèce de liqueur, et sur-tout que l'on demande deux fois de la même; il n'en est pas comme des vins d'entre-mets, dont on peut user à plusieurs reprises.

J'ai omis de dire, à l'égard de ces derniers vins, qu'il étoit impoli de refuser le premier verre qui nous est présenté. On n'est pas tenu d'accepter le second. Quant au café et aux liqueurs, on peut les refuser, parce qu'ils ne conviennent pas à tous les tempéramens.

Quelquefois on sert après le dîner du punch chaud ou à la glace. Le vase qui contient ce breuvage est placé sur un large guéridon. Le maître de la maison, ou la personne qui le substitue, remplit à mesure de grands verres. Les hommes qui sont autour de la table ne doivent pas prendre pour eux les premiers verres, mais les offrir aux dames.

Quand le café, les liqueurs ou le punch

sont prêts, le maître de la maison fait retirer le guéridon, et les convives se livrent à une conversation agréable. Ils passent dans le jardin, s'il y en a un, ou si la saison le permet; ou bien on dresse presque immédiatement des tables de jeux si c'est en hiver.

Mais quel que soit le parti que l'on prend à cet égard, il est on ne peut plus impoli, à moins d'avoir des affaires urgentes et bien connues du maître de la maison, de se retirer aussitôt après le repas. Il faut laisser écouler au moins une heure d'intervalle.

J'ai observé plus haut qu'on ne devoit point se lever de table à moins d'éprouver un besoin tel qu'on ne pût absolument se dispenser d'y satisfaire. Si ce besoin vous surprend après le repas et lorsque vous êtes déjà arrivé dans le salon, il vous est permis de vous retirer et de reparoître ensuite; mais votre absence doit être la moins longue possible, et il faut tâcher qu'elle ne soit point aperçue.

Dans le cas dont je veux parler, une dame ou une jeune personne ne sort jamais seule; elle se fait accompagner par une amie; une jeune demoiselle se fait accompagner par sa mère, ou une autre parente.

Si, ayant été invité à dîner dans une maison, vous êtes arrivé trop tard, et que vous soyez averti par les gens que l'on est déjà à table, que le repas est avancé, il vaut mieux vous retirer sans dîner, que de déranger les autres conviés par votre arrivée intempestive.

Mais si le dîner est peu avancé, ou si vous êtes suffisamment lié avec le maître de la maison et les personnes qui sont à table, pour que vous n'ayez pas besoin de vous gêner avec eux, vous pouvez entrer et prendre place.

J'observe que dans ce cas les autres convives s'arrêtent et ne passent à un autre service que lorsque vous vous trouvez aussi avancé qu'eux. Il faut donc bien vous garder de les faire attendre, et vous devez manger avec quelque précipitation.

Si vous arrivez dans une maison pendant que l'on est en train de dîner, aucun prétexte ne sauroit excuser votre visite à une pareille heure. Il faut vous retirer sur-le-champ. Si le maître de la maison est à table, seul avec sa famille, vous paroîtriez vouloir surprendre les secrets de son intérieur. S'il est en compagnie, vous troubleriez le service et les convives.

Il est possible, cependant, qu'on ne vous ait pas prévenu, que vous n'ayez trouvé aucun domestique dans l'antichambre, ou bien que le maître de la maison, averti de votre présence, vous fasse engager à passer dans le salon. Si, dans ce cas, vous êtes obligé de traverser la salle à manger, il faut le faire précipitamment, et ne déranger personne par des complimens hors de saison.

J'ai parlé des devoirs que la politesse impose aux personnes qui ont reçu l'honneur d'être invitées à dîner dans une maison considérable. Mais le maître de la maison lui-même a des obligations essentielles à remplir.

Voici les conseils que donne à ce sujet l'ingénieux et original écrivain dont nous avons emprunté quelques idées dans ce chapitre, et qui paroît avoir approfondi mieux qu'aucun autre les lois de la politesse gourmande.

« Les devoirs de l'Amphitryon, dit
» M. G. D. L. R., se réduisent :

1°. A pourvoir à l'excellence du dîner » dans toutes ses parties ;

» 2°. A veiller sur le service de manière » qu'il s'exécute avec promptitude, élé- » gance et facilité ;

» 3°. A s'occuper, pendant toute la durée » du repas, des convives, de manière que » chacun, en sortant, puisse croire qu'il a » été l'unique ou du moins le principal » objet des attentions de l'Amphitryon ;

» 4°. A fournir les sujets de la conver- » sation, de manière que chacun puisse » successivement y prendre part et même » y briller, et qu'elle ne devienne jamais » dangereuse, sous le rapport politique, ou » amère, sous celui des personnalités ;

» 5°. Enfin, diriger ses soins sur une » égale distribution de tous les mets, ou » tout au moins des meilleurs. Bien en- » tendu qu'il n'aura négligé aucune des » précautions qu'il faut prendre pour que » chaque invitation ait été faite en temps » utile, et remise exactement à la personne » invitée, pour que chaque convive soit » bien reçu à son arrivée dans la maison ; » qu'il ne trouve pas trop long le temps

» d'attente ; qu'il sache bientôt le nom des
» autres convives, et qu'il soit placé à la
» table, de manière à tirer de son esprit
» le parti le plus brillant, et de son appétit
» le parti le plus solide. »

J'ai parlé ailleurs de la visite que l'on doit à la personne chez qui on a dîné, il y a un autre genre de visite préalable, qui souvent n'est pas moins nécessaire. Vous serez, par exemple, invité à dîner pour la première fois chez une personne que vous ne connoîtrez encore que pour l'avoir vue dans une maison tierce ; en pareil cas, la bienséance exige, non pas que vous alliez lui rendre une visite en personne, avant le jour fixé pour le repas, mais que vous déposiez à sa maison une carte de visite.

CHAPITRE VI.

Promenade avant ou après le dîner. Règles qui doivent être observées dans un jardin public ou particulier. Conduite dans un spectacle.

Suivant la saison et suivant les lieux où l'on se trouve, l'on peut aller à la promenade, soit avant, soit après le dîner. Les bienséances à observer sont à-peu-près les mêmes dans l'un et l'autre cas. Cependant il faut distinguer si c'est une promenade dans un lieu public, ou si c'est une promenade dans un jardin particulier.

Quand nous entrons dans un jardin public (je suppose que nous arrivions en voiture), s'il y a dans le carrosse des personnes qui nous soient supérieures par leur dignité, par leur âge, ou s'il s'y trouve des dames, nous descendons d'abord afin de présenter successivement la main aux personnes qui sont restées dans la voiture; nous offrons ensuite notre bras à l'une des dames.

Il faut, à cet égard, avoir la même attention que nous avons dit plus haut être nécessaire lorsqu'il s'agit de passer du salon de compagnie dans la salle à manger, ou en d'autres circonstances pareilles. Nous ne devons pas avoir la présomption de nous emparer de la dame la plus distinguée ou la plus jolie de la société : il y a un certain tact de convenance que l'habitude fait connoître. J'observerai seulement qu'un mari donne rarement le bras à sa femme quand il se trouve d'autres cavaliers pour l'accompagner.

Si vous vous promenez avec deux dames, vous pouvez donner le bras à toutes deux en vous plaçant entre elles. Si par hasard vous vous trouviez avec une dame et ses deux filles, prenez le bras de la mère et laissez les deux demoiselles marcher en avant. Vous devez, dans tous les cas, donner la préférence à une dame mariée sur une demoiselle, quand même vous seriez lié avec cette jeune personne, par exemple, si vous la recherchiez en mariage et que l'affaire fût sur le point d'être conclue.

Arrivé dans la promenade, vous devez pressentir le goût et l'inclination des personnes avec qui vous vous trouvez, et, d'après leur désir, les conduire, soit dans les allées fréquentées par le beau monde, soit dans les parterres, sur les terrasses, etc.

Si l'on se décide pour des allées couvertes et agréables par la fraîcheur de leur ombrage, comme il s'en trouve, par exemple, aux Tuileries, il est encore nécessaire d'observer si les dames ou les autres personnes de votre société désirent marcher ou être assises. Quelquefois les personnes n'exprimeront pas clairement leur pensée : c'est à vous à les sonder et à prévenir leur demande.

Quand on s'assied dans une promenade publique, si l'on ne trouve pas de siéges vacans dans un endroit convenable, les hommes de la société vont en chercher dans le lieu où ils sont amassés, et viennent en offrir aux dames. Observez qu'il seroit de la dernière impolitesse d'apporter des chaises devant des personnes déjà assises, de manière à leur ôter la vue des promeneurs. Si nous ne trouvons pas de places libres sur le premier rang, il n'y a pas à balancer, il faut nous placer derrière, nous et notre compagnie.

Une fois en place, nous pouvons entrer

en conversation avec les personnes de notre société ; mais comme nos discours pourroient être entendus des voisins, non-seulement il ne faut point s'entretenir de choses secrètes qui ne doivent pas être sues de tout le monde ; mais encore nous ne devons parler qu'avec une extrême réserve des personnes absentes, sur-tout si c'étoit pour dire quelque chose qui ne fût pas à leur avantage. Il peut se trouver parmi les inconnus qui nous entourent, quelqu'un de la connoissance de ceux dont nous médirions : ces propos peuvent être rapportés, même exagérés et envenimés, et nous attirer de grands désagrémens.

En général, dans un lieu public, lorsque nous nous entretenons de quelques personnes, et sur-tout des affaires qui les intéressent, nous devons, autant que possible, éviter de prononcer leur nom. Une périphrase, un emploi ingénieux d'expressions, nous mettent à portée d'être entendus des interlocuteurs avec qui nous conversons, sans que les étrangers, qui se permettroient de nous écouter, puissent être au courant.

S'il peut être désagréable pour nous que

l'on épie nos discours, et qu'on les saisisse à la dérobée, cela doit nous avertir qu'il ne faut pas prêter une oreille indiscrète aux conversations qui se tiennent auprès de nous dans les lieux publics. Il nous est moins permis encore d'adresser la parole aux étrangers près desquels le hasard nous a placés. J'avoue qu'il se fait parfois, dans les lieux publics, des rencontres singulières, qu'on y commence des liaisons qui finissent par devenir solides et durables; mais ces liaisons ne se font, pour l'ordinaire, qu'entre des personnes seules et désœuvrées. On commencera par des propos indifférens, par exprimer son opinion sur quelques événemens extraordinaires. Si on se rencontre une seconde fois, c'est une liaison déjà commencée : on se parle avec plus de hardiesse et de franchise. Enfin, dans le cours de la conversation, on peut prendre confiance l'un dans l'autre; mais ce sont des cas particuliers qui sont extrêmement rares, encore faut-il prendre garde de tomber entre les mains d'un escroc ou d'une femme intrigante. Les jeunes gens nouvellement arrivés de province, ou ceux des grandes villes qui n'ont pas encore acquis l'expérience suffisante, sont exposés à tomber dans ces sortes de piéges.

Dans les promenades publiques il est d'usage de payer pour les chaises un prix fixé. Il est bien entendu que les dames sont exemptes de payer en cette occasion comme dans presque toutes les réunions qui entraînent des dépenses quelconques; mais un seul homme doit payer pour toute la société. Quelqu'un qui sait son monde s'empresse de prévenir les autres cavaliers; il ne perd pas son temps à chercher de la monnaie. S'il n'en trouve pas sur-le-champ la quantité nécessaire, il donne à la loueuse de chaises un écu ou une autre pièce sur laquelle il se fait rendre. Si par hasard vous avez été devancé par quelqu'un, n'allez pas, comme certaines gens qui ignorent complettement l'usage du monde, offrir de rembourser votre *quote-part*; une telle proposition exciteroit la risée.

Si vous êtes une des personnes les moins considérables, la volonté des autres doit être votre loi; mais si vous conduisez des dames, ou si vous êtes avec des personnes qui n'oseroient pas exprimer leur volonté, il faut la deviner, et proposer de se lever ou de marcher, lorsque vous jugez que tel est leur désir : vous faites alors un ou plusieurs tours dans les allées, ou bien vous revenez directement à votre carrosse.

Dans un jardin particulier, on suit des règles un peu différentes. Il est assez ordinaire que lorsqu'une société nombreuse est réunie dans une maison, et que l'on juge à propos de se promener dans le jardin, on ne reste pas tous ensemble : on se sépare et on se partage en différens grouppes.

Les personnes qui ont entr'elles plus de liaisons et d'habitudes, se réunissent dans des allées particulières, et conversent ensemble. Quelquefois il n'y a pas un nombre suffisant de siéges ou de bancs pour que tout le monde puisse s'asseoir dans le même endroit du jardin. Les dames se placent ensemble, et les jeunes gens se tiennent debout.

On n'a pas, dans un jardin particulier, la même gravité de maintien que dans une promenade publique. On y jouit de plus de liberté ; on y peut rire, chanter et folâtrer, mais en observant de s'arrêter au point où cette liberté dégénéreroit en licence, et deviendroit de mauvais ton.

Le maître de la maison, ou une autre personne considérable, vous prendront quelquefois à part, et vous inviteront à faire un tour d'allée. Ayez bien soin de leur donner la droite, comme le côté le plus honorable.

Une autre attention encore plus essentielle, c'est qu'au bout de chaque allée, et lorsqu'il s'agit de revenir sur ses pas, vous devez tourner en-dedans, du côté de la personne avec qui vous vous promenez, et non pas tourner en-dehors; car, dans ce dernier cas, vous seriez obligé de lui présenter le dos, ce qui n'est pas convenable.

Si, au lieu de vous promener avec une seule personne, vous vous trouvez avec deux autres qui vous sont supérieures, n'ayez pas l'impolitesse de vous placer au milieu, qui est toujours la place d'honneur; la droite est la seconde place, et la gauche la troisième.

Chacun doit prendre sans affectation le rang qui lui convient; mais de même que l'inférieur ne doit pas s'arroger étourdiment la première place, de même aussi la personne de qualité, qui se trouve avec d'autres promeneurs, évitera sagement de faire paroître sa supériorité. Elle ne s'emparera pas d'elle-même du poste de distinction qui lui est réservé ; elle attendra que ceux avec qui elle se trouve lui fassent cet honneur. Si, par hasard, elle se trouvoit avec des hommes manquant de savoir-vivre, ou inattentifs, elle prendroit même la dernière place, sans paroître remarquer leur impolitesse.

Il arrivera cependant que deux personnes d'un rang élevé feront placer entr'elles un inférieur pour entendre plus à leur aise un récit que ce dernier auroit à leur faire ; mais l'inférieur ne conservera la place du milieu que pendant le temps que durera son récit : il reprendra ensuite de lui-même le côté gauche.

Il est encore utile de bien connoître si les personnes avec qui nous nous trouvons sont égales entr'elles, ou s'il y en a une qui ait de la supériorité sur les autres.

Si elles sont d'un rang égal, l'inférieur qui s'est placé entr'elles doit, à chaque bout d'allée, se tourner tantôt du côté de l'une, tantôt du côté de l'autre, en affectant de les traiter avec la plus parfaite égalité. Si, au contraire, l'un de ses auditeurs est supérieur à l'autre, il faut qu'à chaque retour d'allée il s'adresse au plus considérable des deux.

Si la personne ou les personnes distinguées, avec qui vous vous promenez, viennent s'asseoir pour se reposer, vous ne devez vous asseoir vous-même qu'autant que l'on vous y engage; alors vous prenez la gauche, en observant une distance suffisante. Mais si vous vous trouviez en la compagnie de quelqu'un de considérable avec d'autres personnes, et que le premier se fût arrêté, il seroit incivil de vous promener en sa présence et à sa vue: il ne seroit pas moins impoli, s'il continuoit à marcher, de vous asseoir vous-même.

Que le jardin soit public, ou qu'il appartienne à quelqu'un de connoissance, on ne doit pas moins s'abstenir de toucher les fleurs, les fruits, même les simples branches. Si le jardin est particulier, et que le maître de la maison vous offre quelque chose, vous pouvez l'accepter; encore faut-il vous laisser faire une espèce de violence.

A plus forte raison éviterez-vous, dans un jardin particulier, tous les amusemens, tous les exercices qui peuvent y occasionner quelque dégât, si peu considérable qu'il soit; par exemple, de traîner des chaises dans les allées sablées, de troubler l'eau d'un bassin, et de courir après quelques personnes, car vous pouvez, au moment où vous vous y attendez le moins, rencontrer au détour d'une allée d'autres promeneurs, et occasionner des accidens.

Dans une promenade publique, on garde communnément son chapeau sur sa tête. Lorsqu'on est assis, on se tient couvert ou découvert, selon les circonstances et selon le rang des personnes avec qui l'on se trouve. Mais dans un jardin particulier, il est du bon ton de s'y rendre sans chapeau, à moins que l'ardeur du soleil ou la fraîcheur du serein ne vous imposent l'obligation d'avoir la tête couverte. Vous ne devez toutefois vous permettre de vous couvrir ainsi, qu'après en avoir demandé la permission, ou après en avoir été sollicité par le maître de la maison ou une autre personne considérable.

J'observerai à cet égard que si vous êtes

inférieur, ce n'est pas à vous à inviter votre supérieur à se couvrir; car vous paroîtriez demander indiscrètement cette permission pour vous-même.

Lorsque le temps et la saison ne permettent pas de se promener, ou lorsque nous n'avons pas l'intention d'y aller; si des affaires ne nous retiennent pas chez nous, ou ne nous appellent point ailleurs, nous passons notre soirée, soit dans la maison même où nous avons dîné, soit au spectacle, soit dans un cercle.

Supposons d'abord que nous nous soyons décidé pour le théâtre.

Je sais qu'il est du bon ton de se présenter tard au spectacle, et en général dans les lieux publics, et qu'en outre, l'heure du dîner étant de plus en plus retardée chez les personnes à la mode, ce qu'on appelle le beau monde arrive rarement avant le lever de la toile, sur-tout dans les théâtres où l'on ne commence pas comme à la comédie française, par la pièce la plus intéressante.

Les personnes qui fréquentent habituellement le parterre, peuvent seules se faire une idée de l'ennui et de la distraction que cause pendant les premières scènes l'ouverture continuelle des loges : il seroit utile qu'une règle de civilité prescrivît l'heure passée laquelle on ne pût se présenter au spectacle sans être blâmé d'occasionner une indécente interruption. Mais nous avouerons qu'un tel réglement n'est pas de notre compétence.

Soit que vous ayez retenu une loge d'avance, soit que vous ayez fait prendre des billets au bureau, les hommes de la société évitent aux dames l'embarras de présenter leurs billets aux contrôleurs, et de faire les échanges d'usage. Quand vous êtes arrivé à la place qui vous est réservée, si par hasard la banquette de la loge la plus près de la porte n'étoit pas levée, il faudroit la lever vous-même, et introduire vos dames.

Les femmes étant le plus bel ornement du spectacle, il est naturel qu'elles occupent le premier rang, et cela est d'obligation rigoureuse et indispensable, si la loge entière est occupée par des personnes de la même compagnie. C'est le cas que je suppose d'abord.

Si l'on n'est pas en face de la scène, ou

au fond de l'amphithéâtre, mais dans les loges de côté, on voit ordinairement d'autant mieux, qu'on est plus éloigné du théâtre. Pour cette raison il faut céder, sur le premier rang, la place la plus commode, soit à une dame, soit à la personne la plus considérable. On observe la même chose pour la seconde banquette.

Quand il n'y a point de banquettes, mais des chaises, ce qui a lieu dans les premières loges de quelques théâtres, il faut les disposer de manière à ce que les personnes qui remplissent la loge ne se gênent pas les unes les autres. Quelquefois une partie des hommes est obligée de se tenir debout. Il n'est pas nécessaire d'avertir qu'ils doivent éviter de se pencher sur les personnes qui sont devant, ou de leur causer toute autre incommodité.

Les personnes, et sur-tout les dames qui sont sur le devant de la loge, doivent, quand elles jugent à propos de se défaire d'un schall, d'une palatine, ou de tout autre vêtement que l'on ne conserve pas d'ordinaire dans un lieu chaud, les déposer soit à côté d'elles, soit sur la banquette de derrière, ou les attacher à des crochets qu'il y a pour cet usage dans presque toutes les loges. On en fait de même pour les chapeaux soit des hommes, soit des dames, pour les redingottes, les douillettes, etc.

Il est de la dernière inconvenance de faire pendre quelque chose en dehors de la loge; par exemple, un schall, un mouchoir de poche, le pan de son habit, ou de s'y tenir debout, en tournant le dos au public. Une telle conduite ne manque pas d'exciter les cris du parterre; et si le tumulte qui a lieu dans ces occasions est fatiguant pour les spectateurs honnêtes, toujours est-il que la première faute en est à ceux qui y ont donné lieu. Ordinairement le commissaire de police, ou d'autres officiers préposés au bon ordre, font cesser le scandale, soit en avertissant celui qui a commis l'indécence, soit même en le faisant sortir.

Comme nous ne composons cet ouvrage que pour les personnes bien nées, mais qui pourroient cependant se livrer à des incivilités involontaires, faute de connoître les usages, nous ne croyons pas devoir parler d'autres malhonnêtetés beaucoup plus graves, et dans lesquelles les gens qui ont reçu tant soit peu d'éducation, ne doivent pas tomber.

Par exemple, nous ne dirons pas combien il est révoltant que dans les petits spectacles certains individus des loges se permettent de jeter sur le parterre différens objets dégoûtans, telles que des pelures de châtaignes, des écorces d'oranges, et même de cracher sur les personnes qui sont au-dessous.

Pendant toute la durée du spectacle, on doit se comporter avec une extrême réserve, écouter la pièce et ne pas troubler l'attention de ses voisins, soit par des éloges, soit par des critiques intempestives.

Je sais bien que le nombre déjà si grand des mauvais auteurs dramatiques pulluleroit d'une manière alarmante, si le public n'étoit pas un peu sévère; si des marques d'improbation non équivoques ne vengeoient le bon goût outragé: mais cet acte de justice doit être particulièrement abandonné à ceux qui fréquentent le parterre; les personnes du bon ton ne doivent pas y prendre part, et ne manifester leur mépris que par un profond silence.

S'il ne vous est pas permis de siffler, de

faire des huées, ou de donner tout autre témoignage de censure, en présence des personnes considérables avec qui vous vous trouvez réuni dans la même loge, il ne vous est guères plus permis de donner votre suffrage, soit à la pièce nouvelle, soit au jeu des acteurs, par de bruyans applaudissemens, même par de simples remarques à haute voix. Quoique vous ne soyez pas obligé de juger et de voir de la même manière que les personnes plus élevées que vous par les dignités ou par la fortune, cependant la considération que vous leur devez vous fait une loi impérieuse de ne pas manifester un sentiment différent de celui qu'elles peuvent avoir. Il ne faut même, dans les entr'actes, ou après la pièce, donner votre avis sur le spectacle que vous avez vu, qu'après en avoir été sollicité par la personne supérieure que vous avez accompagnée. Si elle ouvre la première son opinion, et que cette opinion ne soit pas la vôtre, ne vous engagez point dans une incivile discussion, présentez respectueusement vos observations, ou, ce qui vaut mieux encore, n'en présentez pas du tout.

Quand vous assistez à une pièce qui vous est déjà connue, avec des personnes qui la voient pour la première fois, ne détruisez pas l'intérêt que peut leur inspirer le drame, en leur disant d'avance quel sera le dénouement. Il est encore plus impoli d'anticiper sur ce que va dire l'acteur, ou de fredonner après lui les derniers vers des couplets qu'il vient de chanter. Rien n'est plus incommode pour les voisins.

Pendant l'été, et à cause de l'extrême chaleur, on ouvre assez ordinairement, durant l'entr'acte, les portes des loges, afin de renouveler l'air. Ne vous permettez pas cependant d'ouvrir de vous même la porte de votre loge, si vous n'en êtes prié par les personnes avec qui vous vous trouvez, ou si vous n'avez pas pressenti que cela pût leur être agréable. Quelquefois, la porte étant ouverte, il circule brusquement un vent frais et glacial qui peut incommoder les dames, à cause de la légèreté de leurs vêtemens.

Quand vous avez pris simplement un billet de loge, et que vous vous trouvez réuni avec des personnes inconnues, il est encore des règles de civilité qui vous sont prescrites à leur égard.

Vous démêlez aisément, d'un coup-d'œil, avec quel genre de personnes vous vous trouvez ; si elles sont de la bonne compagnie, ou si elles pèchent par un défaut de savoir-vivre : même dans ce dernier cas, il ne faut pas manquer d'égards pour elles. Cependant il vous seroit pardonnable d'accommoder vos procédés aux leurs.

Mais si vous avez le bonheur de vous trouver en la société de personnes du bon ton, qui vous soient égales ou supérieures, vous ne sauriez user de trop d'attention. Si vous êtes arrivé le premier, que vous soyez placé sur la banquette la plus commode, et qu'il vienne des dames après vous, il n'y a pas à balancer : il faut leur offrir cette place, et même les presser d'accepter, si elles refusoient. Cette règle ne devient importune et tout-à-fait gênante, que si vous êtes venu au spectacle, soit avec votre épouse, soit avec une autre dame avec qui vous soyez bien aise de vous entretenir. Il est dur, dans ce cas, d'être obligé de la quitter pour faire honneur à une inconnue que vous ne reverrez sans doute jamais, et qui ne vous aura pas, d'ailleurs, de grandes obligations de votre politesse. Dans cette situation embarrassante, on prend conseil des circonstances où l'on se trouve.

Il n'est pas rare que les oisifs, ou les polissons du parterre, voyant les premières places occupées par des hommes, et des dames par-derrière, ajoutent cruellement à votre embarras, en criant : *place aux dames*. Si vous cédez à la première sommation, on récompense votre bon procédé, par des risées et par des applaudissemens ironiques. Si vous tenez tête à l'orage, les clameurs redoublent, les esprits s'échauffent, et vous devenez l'objet de tous les regards.

Cette fantaisie du parterre, exprimée d'une manière aussi tumultueuse, est principalement incommode dans certains théâtres, où il n'est pas rare que les premières loges soient fréquentées par des femmes de mauvaises mœurs. J'ai vu plus d'une fois les étourdis du parterre faire souffrir une cruelle mortification à un honnête homme, qu'ils ont forcé de quitter une dame respectable, pour céder sa place à une courtisane:

Au surplus, quelle que soit à cet égard votre bonne ou mauvaise fortune, il faut, comme à la promenade, éviter toute conversation avec les personnes que le hasard a amenées auprès de vous. Je recommande, à cet égard, une circonspection d'autant plus grande, que les sujets de conversation y sont plus faciles à trouver que dans les jardins publics. Le spectacle qu'on a sous les yeux, fournit naturellement une abondante matière à toutes sortes de discours. Mais cette conversation, sur-tout entre jeunes gens, peut amener des suites fâcheuses. On peut, en exprimant trop sincèrement son avis sur une mauvaise pièce, indisposer les amis de l'auteur qui seront près de vous, et s'exposer à des querelles fâcheuses, qui troublent le spectacle, attirent l'attention sur vous, et ont souvent fini par des duels.

Quand on sort du théâtre, la manière de présenter la main à la dame, soit pour sortir de la loge, soit pour descendre les escaliers, est absolument la même que celle usitée en d'autres circonstances. Les gens du bon ton sortent d'ordinaire avant la fin de la dernière pièce, afin de ne pas se trouver embarrassés par la foule ; mais si la curiosité vous a déterminé à rester, vous ne devez pas vous hasarder à fendre les flots de la multitude, quand vous accompagnez une dame que cette quantité de monde peut embarrasser.

Quand vous êtes arrivé à la porte de sortie, vous chargez un commissionnaire d'appeler vos gens, ou de faire avancer une voiture de place. Ayez bien soin de ne faire arriver votre carrosse que lorsque toute votre société est réunie. La manière dont les voitures doivent se présenter à la file, est déterminée par des réglemens de police très-sages, sans lesquels il arriveroit beaucoup d'accidens. Si les personnes qui doivent monter dans une voiture ne se trouvent pas devant la porte au moment où elle se présente à son tour, il faut que le carrosse continue de marcher à vide. Alors, vous exposez les dames de votre compagnie à attendre le retour de la file, ou bien à gagner à pied leur voiture.

Je ne parle pas ici de quelques détails accessoires, qui se rapprochent d'ailleurs des autres règles de la civilité ; par exemple, si dans un entr'acte, et pendant l'hiver, vous vous chauffez auprès du foyer, et qu'il se présente des dames, la politesse exige, en dépit du froid que vous éprouvez, que vous les laissiez passer devant vous. A plus forte raison cette déférence vous est-elle recommandée, si ces dames sont de votre connoissance ou de votre compagnie.

Quand on ne se donne pas le plaisir du spectacle, et que l'on passe la soirée en société, le jeu, la musique, la danse, ou une agréable conversation occupent nos loisirs. Je vais parler successivement de ces divers délassemens que le besoin de la société a fait imaginer. Je terminerai par ce qui concerne la conversation, attendu que les règles de bienséance à observer dans une société polie, s'appliquent à beaucoup d'autres circonstances de la vie sociale, et serviront de corollaires ou de confirmation aux préceptes que nous avons déjà donnés.

CHAPITRE VII.

Conduite que l'on doit tenir au jeu. Bienséances particulières qu'il est nécessaire d'observer à certains jeux.

C'est se montrer vil et méprisable, que de jouer pour l'unique plaisir de gagner beaucoup d'argent et pour augmenter sa fortune aux dépens de ses amis et de ses connoissances. Les gens de ce caractère, outre qu'ils ne réussissent pas toujours dans leurs vues intéressées, et qu'ils voient souvent leurs illusions dissipées d'une manière cruelle, sont regardés comme des piliers de tripots, et ne sont pas recherchés dans une société honnête.

Je ne prétends pas dire qu'il faille toujours jouer petit jeu, ou, comme l'on dit, s'amuser aux *épingles*; mais il faut proportionner les risques que l'on court, à son revenu et à ses moyens pécuniaires.

Quoique, d'après le plan que nous nous sommes tracés, nous ne semblions devoir parler ici que des jeux qui ont lieu l'après-dîner, c'est-à-dire des jeux de cartes et des jeux de combinaison, comme le trictrac, les dames et les échecs; cependant, puisque notre sujet nous y amène, nous dirons aussi un mot des jeux d'exercice, qui, plus fréquemment, ont lieu le matin et en plein jour, tels que la paume, le billard et le jeu de boule.

Dans ces divers exercices, vous devez éviter de prendre des attitudes forcées ou grotesques.

S'il survient quelque différend, il ne faut jamais montrer de l'entêtement, mais en appeler au sentiment de la galerie, c'est-à-dire des personnes qui entourent les joueurs et ne sont pas intéressées au coup. Si vous êtes obligé de leur expliquer le coup, faites-le avec calme, avec précision, et sans trop élever la voix. On doit s'abstenir de tout propos de mauvais ton, et de toute espèce de juremens.

Il est quelquefois d'usage de faire déposer l'enjeu, c'est-à-dire la mise de chaque joueur. Quand vous avez gagné, vous le demandez à la personne qui en est chargée. Si alors vous vous apercevez que votre partie adverse a oublié de mettre son enjeu, il faut lui rappeler son oubli, en y mettant cependant de la décence et du ménagement. Quand vous avez perdu, il faut avoir soin de payer sans qu'on le demande. C'est une marque de noblesse d'ame, que de payer exactement ce qu'on doit au jeu. Ainsi, quoique les dettes contractées au jeu ne puissent, d'après la loi, être répétées en justice, parce que la loi a voulu garantir les joueurs inexpérimentés des embûches que leur tendroient des escrocs, en les engageant à jouer sur parole; cependant un galant homme n'est pas pour cela dispensé de les acquitter : c'est ce qui a fait nommer par quelques personnes ces sortes d'engagemens *dettes d'honneur*.

J'observerai qu'en général il faut se défendre de l'envie de parier pour tel ou tel joueur, contre tel ou tel autre. Celui pour lequel vous prenez en quelque sorte fait et cause, et qui ne risque peut-être pour son compte qu'une bagatelle, sera intimidé, s'il sait que vous avez exposé sur la foi de son habileté ou de sa fortune une somme considérable. Celui contre qui on parie peut être humilié de cette espèce de présage ou d'appréciation que l'on porte de son talent. Ce n'est pas à la vérité pour cette raison, mais pour une autre infiniment plus grave, que dans les lieux publics, notamment dans ceux où l'on joue au billard, il est sévèrement défendu de faire des paris. On a vu des fripons, d'accord avec un des parieurs, faire perdre à son adversaire de fortes sommes d'argent.

Gardons-nous bien, en général, de nous livrer, dans un café ou dans tout autre lieu public, à un jeu d'exercice ou à un jeu de combinaison, sans bien connoître notre joueur, à moins que nous ne risquions que de foibles sommes : encore ce dernier expédient n'est-il pas toujours sûr. Un fripon feindra une grande ignorance du jeu ; vous lui gagnerez quelques parties, il paroîtra s'échauffer, proposera de jouer gros jeu : vous n'aurez peut-être pas la force de vous défendre de lui donner sa revanche, et bientôt vous vous trouverez ruiné vous-même. L'auteur de la *Vie du chevalier de Grammont* raconte fort agréablement la manière dont son héros fut dépouillé, au trictrac, de tout ce qu'il possédoit, par un prétendu Suisse se disant marchand de chevaux, lequel avoit feint d'abord de ne pas connoître les premiers élémens du jeu.

Mais si l'on joue avec des amis, ou avec une personne de considération, sur l'honnêteté de laquelle on ne puisse former le moindre doute, il faut se comporter avec toute la noblesse possible. Si vous gagnez, ne quittez pas le jeu qu'elle n'en témoigne le desir, ou qu'elle n'ait retiré tout ce qu'elle avoit perdu ; si au contraire vous êtes en perte, vous vous retirerez doucement, parce qu'on ne peut vous faire un crime de régler sur vos facultés les risques que vous voulez courir.

Si votre adversaire est sujet à des emportemens, ne relevez pas ses paroles, mais continuez votre jeu. Ne montrez aucune morgue, lorsque la fortune vous est favorable ; ce seroit marquer beaucoup de petitesse d'esprit, et une fort mauvaise éducation. Si, au contraire, la chance tourne contre vous, il faut perdre sans témoigner de dépit.

Au surplus, quelle que soit la personne avec qui vous jouez, ne négligez jamais votre jeu, et n'ayez pas la sotte complaisance de perdre exprès, croyant lui faire votre cour. C'est faire une sorte d'insulte à la personne pour qui l'on auroit ce ménagement; c'est lui supposer une petitesse d'esprit ridicule, ou un amour sordide du gain.

Je passe maintenant aux jeux de cartes et de société; ils ont, sous le rapport de la politesse, quelques règles communes aux jeux d'exercice dont je viens de parler. Voici d'autres préceptes qui leur sont particuliers.

Les jeux que l'on pratique aujourd'hui le plus généralement dans le grand monde, sont, pour les jeux dits de commerce, le piquet, l'impériale, le wisk, le boston, la bouillotte.

Les règles de ces jeux fixent d'une manière invariable quelle est la personne qui doit à son tour relever les cartes, les battre, les distribuer, etc. Ainsi, ces différens objets ne sont pas du ressort de la civilité. Toute l'attention que vous devez avoir pour ne pas paroître impoli, et même pour ne pas être soupçonné de friponnerie, c'est de ne jamais toucher les cartes du talon, ou celles qui composent le second jeu, que lorsque c'est à votre tour de les mêler et de les donner.

Quand on commence la partie, il est d'usage de saluer les personnes avec qui l'on joue, en leur distribuant des cartes pour la première fois. Ce salut doit se faire par une inclinaison de tête, accompagnée, [illegible] d'un compliment très court.

Si la personne ou les personnes avec qui vous vous êtes engagé dans une partie, n'ont pas l'habitude du jeu, et réfléchissent long-temps, vous pouvez les en avertir avec politesse ; mais il ne faut pas témoigner d'impatience. Si leur manière de jouer est insupportable, il faut terminer la partie, et s'abstenir dorénavant d'en recommencer de nouvelles.

Une incivilité trop fréquente au jeu, est d'interrompre la partie pour converser avec ses voisins. Rien n'est plus insupportable pour ceux à qui ces entretiens sont indifférens, et qui ne s'occupent que de leur partie. Il faut encore moins se permettre de fredonner entre les dents, de frapper des pieds sous la table, ou de tambouriner avec les doigts sur le tapis.

Pour le piquet et l'impériale, qui se jouent à deux, on est placé en face l'un de l'autre. On peut montrer son jeu aux perssonnes qui vous entourent ; mais il faut bien se garder de faire le moindre signe d'intelligence à ceux qui sont vis-à-vis. Si celui contre lequel vous êtes engagé ne connoissoit pas votre probité, ou s'il étoit mauvais joueur, il pourroit croire que vous vous entendez avec quelqu'un pour connoître ses cartes et le tromper.

Le joueur qui perd constamment peut demander à mêler lui-même les cartes lorsque ce n'est pas à son tour à les mêler. Il a droit aussi de demander d'autres cartes afin d'essayer une nouvelle chance. Il ne faut, au surplus, faire ces sortes de demandes qu'avec réserve et sans brusquerie. On paroîtroit à-la-fois d'un mauvais caractère, et, de plus, superstitieux. Nous parlerons plus loin de certains préjugés auxquels les joueurs d'habitude sont enclins.

Dans le reversi, le boston, le wisk, et autres jeux dits de commerce, qui se jouent à quatre, il est encore plus nécessaire de soigner son jeu que lorsque l'on joue contre un seul adversaire. En effet, par votre manière de jouer, il arrivera souvent que vous compromettrez, non-seulement votre partie, mais celle des personnes qui, dans ce moment, ont le même intérêt que vous.

Par exemple, au reversi vous pouvez, par votre imprudence, laisser placer un *quinola*, laisser faire toutes les levées lorsque vous auriez pu en empêcher; les autres joueurs vous reprendront quelquefois avec dureté de votre impéritie.

Au wisk et au boston c'est bien pis encore. Dans ces sortes de jeux on a un partner. Il ne vous est pas permis de vous communiquer l'un à l'autre vos cartes, mais il faut les deviner, c'est en quoi consiste toute la finesse du jeu. Si vous faites une faute grave, vous vous attirez nécessairement les reproches de celui qui en souffre en même temps que vous. De-là ces discussions interminables qui dégénèrent souvent en querelles, quand les joueurs qui ne savent pas leur monde, ne prennent pas gaiement leur parti.

A la bouillotte, qui est un jeu de pur hasard, et n'exige d'adresse que dans la manière d'engager le coup, et souvent d'interpréter la physionomie de ses adversaires, on n'a pas tout-à-fait le même inconvénient à craindre, parce que chacun est pour soi. Cependant les personnes qui, faute de savoir le jeu, engagent mal un coup ou découvrent leurs cartes avant qu'il soit temps de les montrer, peuvent, par cette indiscrétion, compromettre les intérêts des autres.

En effet la bouillotte étant un jeu de *renvi*, c'est-à-dire une espèce d'enchère, dans laquelle chacun règle ce qu'il risque à un coup donné suivant la probabilité de perte ou de gain, il est très-malhonnête de *renvier* ou *relancer* lorsque quelques cartes sont abattues. Ces cartes connues peuvent être de la couleur que vous portez, et rendre alors pour vous la chance de gain plus vraisemblable.

Si, dans un coup où vous n'êtes point intéressé, il vous prend une distraction, et que vous montriez indiscrettement votre jeu, une personne honnête n'osera plus *renvier*, et perdra par ce moyen le fruit d'un jeu qui étoit presque sûr, et avec lequel elle eût pu gagner beaucoup d'argent.

J'ai promis de dire un mot de certaines idées superstitieuses que beaucoup de gens ont sur le bonheur ou le prétendu malheur que leur porte la présence de quelques personnes. Il est vraiment ridicule de supposer que l'approche de tel ou tel individu pourra influer sur une chose qui est toute du hasard ; mais enfin quand le préjugé existe, il ne faut pas le heurter de front ; si par hasard quelqu'un prétend que vous lui portez malheur, et s'il perd en effet, n'ajoutez pas à sa mauvaise humeur en restant malgré lui ; prenez le parti de vous éloigner.

Il y en a d'autres qui s'imaginent que la coupe de telle ou telle personne est heureuse pour eux. Ainsi, au lieu de couper à leur tour ils prieront quelqu'un de vouloir bien les remplacer : cela ne se pratique pas d'ordinaire dans les sociétés où l'on joue gros jeu, parce que la *donne* et la *coupe* sont fixées invariablement ; mais lorsque la partie n'est pas trop chèrement intéressée, on se permet quelquefois ces sortes de libertés : il ne faut cependant en user que de l'aveu des autres joueurs.

Ce n'est pas une petite affaire pour un maître ou une maîtresse de maison d'arranger les parties, c'est-à-dire de déterminer les personnes qui doivent jouer ensemble à la même table. S'il ne s'agissoit que de connoître l'inclination ou l'habileté particulière de chacune d'elles pour les différentes espèces de jeux, rien ne seroit plus aisé. On peut, sans inconvénient et sans craindre de blesser l'amour-propre, demander à quelqu'un s'il pratique ou ne pratique pas tel jeu; on peut même lui demander s'il le joue bien, ou s'il le joue mal, parce que l'ignorance au jeu n'est pas une chose dont on doive rougir; mais il y a dans presque toutes les sociétés des affections et des inimitiés particulières; il y a des personnes qui, également bien reçues du maître de la maison, ne peuvent s'accorder entr'elles. Il faut que les maîtres de maisons connoissent bien ces antipathies réciproques, afin de séparer les individus qui ne goûteroient pas d'agrément ensemble.

Par une raison contraire, on ne réunit pas à la même table, sur-tout à une table de bouillotte, les personnes extrêmement liées entr'elles : par exemple, le mari et sa femme, le père et le fils, la mère et la fille (1). En effet, ces personnes vivant

(1) Il est rare que les jeunes demoiselles fassent leur partie, à moins que la réunion ne soit peu nombreuse et que l'on ne joue petit jeu.

dans une si grande intimité, ne gagneroient pas avec plaisir l'argent l'une de l'autre. Pour que la partie se fasse avec agrément, il faut, autant que possible, qu'elle ait lieu entre des personnes qui se rencontrent avec plaisir dans le monde, mais qui au fond sont assez indifférentes les unes pour les autres.

Lorsqu'une personne considérable se trouve dans un cercle, la maîtresse de la maison la prie ordinairement de désigner ceux avec qui elle désire faire sa partie. Dans les autres cas, la maîtresse de la maison choisit elle-même les joueurs qui doivent composer le quadrille, en ayant soin toutefois de réunir ceux qui sont à-peu-près de la même force, et qui peuvent joûter avec égalité les uns contre les autres.

Au *boston* et au *reversi*, la place de chaque joueur est déterminée par le sort. La maîtresse de la maison prend quatre fiches de couleurs différentes dans les paniers et en distribue une à chacun de ceux qui doivent faire la partie. La couleur de chaque fiche détermine le panier, et par conséquent la place que vous devez occuper.

Au wisk on fait tirer quatre cartes.

A la bouillotte, qui se joue à cinq, la maîtresse de la maison prend cinq cartes, un roi, une dame, un valet, un dix et un as. Elle fait tirer une de ces cartes à chacun de ceux qu'elle veut réunir, ayant soin de commencer par la personne qu'elle désire honorer.

S'il y a dans le cercle plus de cinq personnes, et qu'il n'y en ait cependant pas assez pour former deux tables de bouillotte, la maîtresse de la maison ajoute aux cinq cartes dont nous venons de parler, le neuf et le huit, qui fixent l'ordre des rentrées, c'est-à-dire qui déterminent l'ordre suivant lequel ceux qui n'ont pas été favorisés par le premier tirage, entreront lorsqu'il y aura quelqu'un de décavé.

Cela fait, on se réunit auprès de la table. Celui qui a pris le roi, a le droit de choisir la place qu'il juge à propos. Ce choix n'est pas toujours indifférent. Pendant l'hiver on est plus ou moins près de la cheminée; pendant l'été on peut se trouver exposé à un courant d'air désagréable, si la chaleur oblige d'entr'ouvrir une fenêtre ou une porte.

Si c'est une dame à laquelle est échue

la carte favorite, elle n'osera peut-être pas se mettre d'elle-même à la bonne place, il faut que vous ayez la courtoisie de la lui indiquer; mais si c'est vous qui avez le droit de choisir, il faut vous placer avec discernement, et donner, sans que cela paroisse, le siége le plus commode ou le plus honorable à une dame, ou à une autre personne distinguée.

Si l'on est quatre hommes, et qu'il n'y ait qu'une seule dame, celui qui tient le roi la priera de choisir et de se placer; mais s'il se trouve deux ou trois dames à la même partie, vous ne pourriez accorder ce choix à l'une sans blesser l'amour-propre des autres : il faut, comme je viens de le dire, faire cette petite galanterie sans affectation, et d'une manière en quelque sorte insensible.

J'ai dit plus haut que l'ordre des rentrées étoit fixé par une ou deux cartes supplémentaires; mais quelquefois on n'ajoute pas ces cartes, et les joueurs rentrent à leur gré sans que le maître ou la maîtresse de la maison s'en mêlent.

C'est alors que vous devez avoir la plus grande déférence pour les autres personnes de la société. Il ne faut point paroître acharné au jeu, ni disputer la place qui vient à vaquer. Attendez patiemment que votre tour se présente, et souffrez même qu'une personne qui a déjà perdu beaucoup d'argent, et qui désire rentrer au jeu dans l'espoir de réparer ses pertes, passe avant vous.

On s'est beaucoup récrié contre l'usage des maîtres de maisons, de faire payer les cartes par les personnes qui fréquentent leur société : mais cet usage est devenu si universel, qu'il seroit difficile de l'extirper. Il est d'ailleurs assez juste, on ne peut se le dissimuler, que les joueurs paient une partie des frais souvent très-considérables que l'on fait pour les recevoir.

A tous les jeux autres que la bouillotte, chaque joueur, à la fin de la partie, laisse sous le chandelier une somme pour les cartes. Cette rétribution est plus ou moins forte suivant les différentes maisons, suivant le plus ou moins de luxe du luminaire et des rafraîchissemens.

A la bouillotte, où les joueurs changent à toute minute, et où il n'est pas rare que l'on soit décavé d'un seul coup, on a imaginé un moyen plus commode pour faire supporter avec une sorte d'égalité apparente les frais des cartes aux personnes qui y jouent. Ainsi, par exemple, on dépose un ou deux jetons en entrant (1), et à chaque double passe on prend un des dix jetons qui composent le jeu pour les mettre également au flambeau. On paie deux jetons pour chaque *brelan*. Cette rétribution ne laisse pas d'être considérable, et il y a dans les grandes villes beaucoup de maisons où l'on spécule sur le produit de la bouillotte.

Un homme de bon ton doit se conformer scrupuleusement, dans chaque maison, à l'usage qu'il y trouve établi. Il est assez ordinaire à la bouillotte qu'un des joueurs se charge de l'entretien du flambeau; mais s'il n'en est pas ainsi, ou si la personne qui a pris ce soin sur elle vient à le négliger, il faut réparer son oubli. Il seroit peu délicat, si c'est à vous que le jeu revient, de vous emparer des dix je-

(1) Le jeton est la cinquième partie de la fiche, et la fiche est la sixième partie de la cave. Dans la partie à trente sous, le jeton vaut un sou; dans la partie à trois livres il vaut deux sous; ainsi de suite.

tons d'une double passe sans avoir acquitté le droit d'usage.

Tout le monde sait qu'à la bouillotte on ne peut gagner ni perdre sur un coup au-delà de sa *cave*, c'est-à-dire, de l'argent qu'on a devant soi. Par cette raison il est nécessaire qu'à tous les instans de la partie chacun puisse savoir à-peu-près quel est le montant de votre *cave*. L'or et l'argent doivent être en évidence, et séparés des jetons ou des fiches. Lorsque vous avez gagné un *va-tout*, s'il se trouvoit qu'une pièce d'or fût cachée sous un tas de jetons, votre adversaire pourroit se refuser à vous en tenir compte, en alléguant qu'il n'auroit pas tenu le *va-tout* s'il avoit cru risquer une somme aussi forte.

Quand, faute de fiches ou de monnaie, vous êtes obligé d'emprunter sur l'écu ou le louis qui sont devant vous, il est bon de rappeler aux autres joueurs combien vous devez sur cette pièce, afin qu'ils ne vous croient pas plus *cavé* que vous ne l'êtes réellement.

Nous ne parlerons pas des jeux de combinaison, tels que le trictrac, les dames, les échecs. Ces jeux, sur-tout les deux derniers, sont ordinairement très-tranquilles. Les personnes qui entourent les joueurs, en qualité de simples spectateurs, doivent seulement se garder de donner des avis à l'un ou à l'autre.

Le trictrac étant très-bruyant de sa nature, on ne le joue pas dans tous les salons; les personnes qui s'en occupent se retirent dans un cabinet particulier, afin d'éviter aux autres personnes de la société l'étourdissement qui résulte du battement continuel des dés dans le cornet et sur la table du trictrac.

CHAPITRE VIII.

Ce que l'on doit faire à un Concert ou à un Bal.

Si au lieu de se réunir pour jouer, on assiste à un concert, il est encore des bienséances qu'un homme du monde observe. Quand le concert est préparé d'avance, toutes les personnes qui doivent y chanter ou jouer de quelque instrument, se tiennent toutes prêtes, et se sont exercées sur le morceau qu'elles doivent exécuter. Mais il arrive quelquefois que dans un salon où l'on se sera rassemblé pour tout autre objet, on priera une dame ou une demoiselle de jouer du piano ou de la harpe, et quelqu'autre personne de l'accompagner soit d'un instrument, soit de la voix. L'amateur que l'on engage de cette manière à donner un échantillon de son talent, peut s'en défendre modestement, sous prétexte qu'il n'est pas assez habile, ou de quelqu'indisposition; mais en général il ne faut pas se faire prier trop long-temps. Une longue résistance annonce de grandes prétentions, et appelle une attention plus sévère sur la manière dont vous exécutez votre tâche.

Les personnes qui assistent à un concert, et qui y jouent le rôle passif d'auditeurs, doivent s'y comporter modestement. La plus grande indulgence doit présider au jugement que vous portez sur le morceau de musique que l'on exécute devant vous. Il est même indispensable d'applaudir, à moins que l'exécution ne soit absolument détestable; car, en pareil cas, ne pas approuver équivaut à une véritable censure.

Comme on se range alors en cercle autour des musiciens, il ne faut pas avoir la présomption de vous attribuer la place la plus commode, mais céder les siéges de devant aux dames, ou aux autres personnes à qui le respect est dû. Les jeunes gens font bien, dans cette circonstance, de se tenir debout par derrière.

J'observe qu'il est fort indécent, et quelquefois très-ridicule, de suivre le mouvement de l'orchestre ou des instrumens, et de marquer la cadence par des battemens de mains ou de pieds.

Il y a des gens qui, ayant la prétention de faire les connoisseurs, marquent la mesure quelquefois à contre-sens et excitent la risée des vrais musiciens qui sont témoins de leurs gestes.

Il n'est pas permis non plus de chuchoter à l'oreille des personnes qui vous entourent : celui qui exécute son morceau pourroit croire que vous parlez de lui et être troublé.

Supposons actuellement qu'un jeune homme qui se destine à entrer dans le monde, et dont nous dirigeons la conduite, assiste à un bal public ou à un bal particulier.

Quand le bal est public, c'est-à-dire qu'on se trouve comme perdu au milieu de la foule, et qu'on est venu seul ou avec une société très-bornée, on doit se comporter avec civilité, et même avec respect, envers toutes les personnes qui sont dans la salle. Nous devons, en cette occasion, user d'une circonspection d'autant plus grande, que par fois des personnes d'un rang considérable dirigées par un pur esprit d'observation, se rendent dans des lieux publics, et cachent leur grandeur sous des dehors modestes. Quel que soit, au surplus, le bal auquel nous assistons, il ne faut danser qu'autant que nous connoissons la danse, sinon parfaitement, au moins assez pour ne pas interrompre les autres figurans.

L'art de la danse a été, dans ces derniers temps, porté au dernier degré de perfection. Il est certains bals dont on ne sauroit faire partie sans avoir des talens distingués dans ce genre. Il faut savoir connoître nos forces, et ne pas nous hasarder avec des danseurs qui seroient beaucoup plus habiles que nous.

Le premier soin à prendre, lorsque vous désirez danser, est de vous assurer d'une place. Dans les bals publics, les quadrilles et les personnes qui doivent les composer sont ordinairement désignés par des cachets. Dans les endroits où cet usage n'est pas établi, il est bon de s'entendre avec trois autres jeunes gens, de bien se reconnoître, de retenir la place où l'on veut danser; même de laisser quelqu'un des quatre, pour empêcher que d'autres ne viennent usurper le lieu qu'on a choisi.

Dans les bals particuliers, il y a plusieurs moyens de former des quadrilles. Chez les princes et à la cour, les maîtres de cérémonie désignent les personnes qui doivent composer les quadrilles; dans les sociétés où l'on n'observe point un cérémonial si rigoureux, on s'arrange de soi-même et tout naturellement.

Lorsque vous êtes bien assuré que vous pouvez danser, vous allez inviter une dame : toute la cérémonie consiste à lui demander, par un compliment très-court, si elle peut vous faire l'honneur de danser avec vous. Si la dame n'est pas déjà engagée, elle doit accepter, sous peine de ne pouvoir se rendre à une autre invitation pour la même contredanse; mais si elle est déjà invitée, elle refuse honnêtement votre proposition, et vous allez vous adresser à une autre dame.

Pendant la danse, on doit se conduire avec modestie, et éviter toute espèce d'affectation. Si, dans les intervalles de repos, vous adressez quelques paroles à votre danseuse, il faut en général parler très-peu et à demi-voix. Il ne faut pas avoir l'air de lui parler à l'oreille, ni d'un air de confidence; une telle familiarité seroit regardée avec raison comme une insulte.

La danse finie, vous reconduisez à sa place la dame que vous avez invitée, et lui faites une nouvelle révérence, en la remerciant de l'honneur qu'elle vous a procuré.

On peut, sans inconvénient, inviter plusieurs fois la même danseuse dans le courant d'un bal; mais il seroit impoli, à moins d'être un peu lié avec elle, de l'engager plusieurs fois de suite : comme elle n'oseroit peut-être pas vous refuser, vous pourriez devenir importun.

Tout le monde, pour peu qu'on en ait l'habitude, est en état d'exécuter la contredanse ordinaire. Toute l'attention que l'on doit avoir, est de bien faire les figures et de ne pas embrouiller les autres par son inexpérience. Si l'on n'est pas au courant des figures, il ne faut pas commencer le premier, mais laisser faire les autres; observer la manière dont ils se comportent, et les imiter ensuite. Mais il est d'autres danses pour lesquelles il faut savoir plus que les figures et les pas; telle est, par exemple, la gavotte, dans laquelle il est nécessaire d'avoir une grâce toute particulière, et une grande perfection d'exécution. Il ne faut pas s'engager dans une pareille danse où tous les regards sont fixés sur vous, à moins d'y être fort habile. J'excepte cependant le cas où vous seriez avec des personnes auprès desquelles il n'y a point de façon à faire, et dont l'indulgence vous est bien connue. Une règle indispensable pour toute personne qui veut danser, c'est d'avoir l'oreille juste et fidèle à la cadence. Sans cet avantage, il ne faudroit pas s'exposer à danser. Un homme, hors de cadence, paroît ridicule et dérange les autres danseurs.

C'étoit autrefois la coutume, que les dames invitassent les cavaliers avec qui elles désiroient danser. On avoit imaginé cette méthode pour ne pas exposer une dame au désagrément d'être obligée d'accepter le premier venu, et souvent un danseur qui n'est pas de son goût, car nous avons dit plus haut qu'on ne pouvoit refuser aucune invitation. Cet usage, trop contraire aux règles de la galanterie française, a été abandonné.

Cependant il arrivera quelquefois, que

la maîtresse de la maison vous priera d'inviter une jeune demoiselle qui n'a pas encore dansé. Vous devez vous rendre sur-le-champ à cette prière, à moins que vous n'ayez d'autres engagemens : dans ce dernier cas vous vous excuserez poliment.

Les rafraîchissemens sont indispensables dans un bal : vous devez en offrir de temps en temps, soit aux dames de votre compagnie, soit à celles avec qui vous avez dansé. Dans les sociétés particulières, les jeunes gens conduisent les dames au buffet, ou bien ils prennent sur un plateau des pâtisseries, des fruits, des glaces, des verres remplis de rafraîchissemens, et en offrent à la ronde aux personnes qui sont dans la salle.

Soit que le bal soit particulier ou public, il est convenable que les dames et demoiselles soient seules assises, du moins sur le premier rang : on ne fait d'exception à cet égard qu'en faveur des hommes âgés ou élevés en dignité à qui l'on réserve des places d'honneur. Lorsqu'il y a deux rangs, les demoiselles et les dames qui désirent danser se placent sur la première ligne. Les mères et les autres dames qui sont simples spectatrices se tiennent un peu en arrière.

Un cavalier un peu exercé sait distinguer au premier coup-d'œil quelles sont les personnes à qui il peut adresser son invitation, car il ne seroit point poli d'inviter à danser une dame avancée en âge, à moins de la connoître particulièrement, et de savoir que cet exercice lui convient : autrement on paroîtroit n'avoir fait l'invitation que par une cruelle ironie, et dans la certitude d'être refusé.

Les danses qui sont aujourd'hui le plus en usage dans les sociétés, sont les contre-danses ordinaires, la walse, l'anglaise, la gavotte et le menuet.

La gavotte ne s'exécute ordinairement qu'une ou deux fois tout au plus dans une soirée. La maîtresse de la maison désigne pour cela les personnes les plus connues par leur habileté.

Le menuet est beaucoup plus rare; il n'a presque jamais lieu que dans les noces. Il est du bon ton que le marié et la mariée, ou bien la mariée avec le père du marié, ou une autre personne considérable, ouvrent le bal par un menuet.

La walse est depuis quelques années dans une grande vogue. Cette danse exige, de la part de ceux qui l'exécutent, la plus grande réserve, car elle est déjà assez lascive par elle-même, et l'on doit éviter toute espèce de posture et de geste qui paroîtroient indécens.

Autrefois, en France, lorsque le roi ou la reine dansoient, tout le monde se levoit et se découvroit, excepté ceux dont les fonctions exigeoient qu'ils restassent couverts.

On observoit aussi, dans ces fêtes de la cour, de ne pas aller prendre les dames à leur place, ni de les y reconduire, il suffisoit de les saluer et de leur faire la révérence. Elles arrivoient près de vous, et quand la danse étoit finie elles se retiroient seules à leur place. Cet usage est aujourd'hui aboli, même dans les bals de cour.

Il n'est pas permis de s'emparer du siége ou de la place des personnes qui sont occupées à danser.

CHAPITRE IX.

Conduite que l'on doit tenir dans un cercle. Règles pour la conversation.

Passons maintenant aux bienséances qu'il est nécessaire d'observer, lorsqu'on se présente dans un cercle où l'on n'est attiré que par le plaisir de la conversation. J'observerai d'ailleurs que dans les sociétés même où l'on joue, on commence ordinairement par un entretien de quelque durée, en attendant qu'il y ait un nombre suffisant de joueurs pour garnir les tables. Ainsi les règles que nous allons présenter peuvent s'appliquer à toute espèce de société.

Lorsque vous arrivez dans un cercle, votre premier devoir est de saluer la maîtresse, ensuite le maître de la maison. Vous vous approchez de la personne modestement, en lui faisant une révérence respectueuse, et en lui adressant quelques complimens.

Ces complimens roulent assez ordinairement sur la question que l'on se fait de l'état réciproque de la santé; mais il faut, autant que possible, donner une tournure neuve, piquante et spirituelle, à ces formalités surannées.

Quand vous avez présenté votre hommage à la maîtresse de la maison, vous saluez à leur tour les personnes qui étoient arrivées avant vous.

Après ces salutations indispensables, vous vous placez sur un siége, en ayant bien soin de ne pas prendre la place des personnes qui se sont levées à votre approche. Si vous êtes d'un rang considérable, la maîtresse de la maison ne manquera pas de vous faire les honneurs d'une place distinguée: elle vous indiquera d'elle-même le siége où vous devez vous asseoir. Mais si vous êtes confondu dans la foule des amis de la maison, vous prenez le premier siége vacant, ou bien vous approchez une chaise, et vous vous rangez dans le cercle.

Voici quelles sont les places les plus honorables. Ce sont ordinairement celles qui sont les plus éloignées de la porte d'entrée, et à droite de la cheminée, quand la réunion a lieu en hiver, et que les personnes de la compagnie se rangent circulairement autour du foyer.

Les places les plus modestes sont celles qui se trouvent au milieu du cercle et les plus rapprochées de la porte. Évitez avec soin de vous emparer d'un fauteuil, si une ou plusieurs dames sont assises sur des chaises. Il ne faut cependant pas pour cela leur offrir brusquement un fauteuil, et leur enlever la chaise sur laquelle elles se sont placées. Cet échange, quand on juge à propos de le faire, exige des attentions et des prévenances que la grande habitude du monde peut seule indiquer.

Le commencement d'une conversation roule assez généralement sur des choses peu intéressantes. Quand les personnes qui composent le cercle se connoissent peu, l'entretien s'anime difficilement. On s'étudie les uns les autres. C'est alors qu'un homme qui a l'usage du monde, se trouve nécessaire pour donner de l'agrément à toute une société. Il lui suffit de quelques instans pour démêler le goût, l'intelligence et la portée d'esprit de ceux avec qui il se trouve; il se charge de faire les frais de la conversation, et l'amène d'une manière presqu'imperceptible sur des objets capables d'intéresser tous les auditeurs.

Je ne prétends pas dire pour cela qu'il faille, pour faire parade d'esprit, s'emparer tout seul de la conversation, attirer sur soi l'attention de tout le monde, et ne permettre à personne de placer un seul mot. Les gens de ce caractère sont aussi fatiguans et détestés que ceux d'un caractère liant, affable et indulgent, sont recherchés.

De tous temps les grands parleurs, et les indiscrets qui ne savent garder aucun des secrets qu'on leur confie, ont été justement en exécration. Je ne puis m'empêcher de transcrire, à ce sujet, un passage de Plutarque.

« C'est un excellent remède, dit cet
» auteur, contre le desir trop ardent de
» parler, que de s'accoutumer, quand on est
» dans une assemblée, à garder le silence,
» jusqu'à ce qu'on voie l'ennui ou la taci-
» turnité gagner de proche en proche
» tous ceux qui composent le cercle. Il
» faut sur-tout avoir soin de ne répondre
» à aucune des questions qu'on adresse
» à un autre qu'à vous. »

» Il n'en est pas, en effet, de la conver-
» sation comme des jeux du cirque, où
» celui qui devance les autres, gagne le
» prix de la course. C'est, au contraire,
» d'une manière tout opposée, que l'on
» doit se conduire en société, où lorsque
» quelqu'un a parlé, il suffit d'approuver
» ses réflexions, ou de faire quelques lé-
» gères remarques sur ses récits.

» Rien ne me paroît plus incivil et plus
» grossier, que de prendre la parole pour
» une personne qu'on interroge. Souvent
» même c'est faire injure à deux en même
» temps, à celui qui doit répondre et qu'on
» pourroit regarder comme un homme
» ignorant et incapable de parler, et à
» celui qui interroge, auquel on pourroit
» reprocher sa mal-adresse, de ne pas savoir
» seulement où il pourra trouver ce qu'il
» cherche.

» Cette précipitation à répondre quand
» on n'est pas interrogé, décèle beaucoup
» d'arrogance : c'est à-peu-près comme si
» on disoit à celui qui fait la question, vous
» vous adressez mal, vous n'aurez aucun
» éclaircissement de ceux à qui vous pro-
» posez vos doutes ; quand je suis dans un

» endroit quelconque, toutes les demandes » doivent m'être adressées, parce que je » suis le seul en état de décider toutes » sortes de questions. Il y a une obser- » vation qu'il importe beaucoup aux babil- » lards de faire ; c'est que la plupart de » ceux qui leur font des questions, n'ont » communément d'autre but que de pro- » voquer leur bavardage, afin de s'en » faire un passe-temps. Ainsi, le signe » certain qu'un grand parleur veut se » corriger, c'est lorsqu'il peut prendre sur » soi de laisser un intervalle de silence entre » la demande et la réponse. Un symptôme » encore plus infaillible, c'est lorsque sa » réponse est précise, laconique, sans » détour, sans ambiguité.

» J'exhorterai aussi le babillard qui » désire de se corriger, à fuir sur toutes » choses les propos qui lui plaisent le plus » et les sujets sur lesquels sa langue s'est » accoutumée à exercer sa volubilité. Tels » sont ces vieux militaires qui recom- » mencent sans cesse l'ennuyeuse nar- » ration des batailles où ils se sont trouvés, » et des siéges auxquels ils ont assisté. » Tels sont encore ces plaideurs qui fa-

» tiguent perpétuellement du récit fasti-
» dieux de leurs procès, et de toutes les
» chicanes qu'ils ont essuyées, jusqu'après
» l'exécution de l'arrêt qu'ils ont obtenu.
» En un mot, tels sont ces bavards qui
» préfèrent, sur toutes choses, de parler
» de leur profession, ou des sciences qu'ils
» ont la prétention de posséder le mieux.
» Ainsi, celui qui a vécu dans la pous-
» sière d'une bibliothèque, vous entretien-
» dra sans relâche de faits historiques ou
» de littérature; le grammairien, de syn-
» taxe; les voyageurs, de nations étran-
» gères, d'aventures fabuleuses, de cou-
» tumes bizarres, d'usages monstrueux.

» Voyez l'un de ces babillards entrer
» dans une assemblée, où très-certai-
» nement on ne l'attendoit pas. Voyez-le
» se mêler dans l'entretien, et par les
» réflexions les plus absurdes, par les plus
» mal-adroites transitions, obliger ceux
» qu'il interrompt, d'en venir malgré eux
» au sujet sur lequel il veut absolument
» disserter, ou plutôt répéter ce qu'il a dit
» hier, ce qu'il disoit il y a deux jours, ce
» qu'il a dit et dira toute sa vie.

» Quelqu'un, peu curieux de l'entendre,

» reprend-il la conversation? L'importun
» ne l'écoute pas, et parlant d'un ton plus
» élevé, lui impose silence jusqu'à ce qu'il
» ait achevé ses ennuyeux récits. On de-
» vroit se demander, toutes les fois qu'il
» vous prend une démangeaison de parler,
» qu'est-ce que je vais dire? qui me presse
» de parler? ce que j'ai tant d'impatience
» à raconter, est-il bien intéressant? est-il
» utile à moi ou à quelqu'autre? Ne ferois-
» je pas mieux de garder un modeste
» silence?

» Or, ce seroit communément à ce der-
» nier parti qu'ils s'arrêteroient. Ils au-
» roient bien raison, car enfin on ne parle
» que pour soi quand on a besoin de s'ins-
» truire; pour les autres, quand on s'est
» assuré que ce qu'on a à dire pourra leur
» être utile, ou pour se dissiper de ses oc-
» cupations, et s'amuser les uns les autres
» par les charmes d'un agréable entretien.

» Mais si le propos n'est avantageux ni
» à celui qui le tient, ni à celui qui l'écoute,
» s'il n'est ni agréable, ni intéressant, ni
» neuf, le silence n'est-il pas mille fois
» préférable?

» Terminons ces observations par une

» maxime qu'il est très-important de ne
» pas oublier. On se repent souvent d'avoir
» parlé : jamais on n'a regretté d'avoir
» gardé le silence lorsqu'on pouvoit se
» dispenser de le rompre. »

Soit que l'on parle peu ou beaucoup, il faut soigneusement éviter de faire de grands gestes. Ce défaut est d'autant plus ridicule, qu'il annonce presque toujours une grande stérilité d'idées, ou une sorte de charlatanisme. Il n'est pas moins inconvenant, lorsqu'on s'adresse à quelqu'un, de le toucher, de le secouer, de saisir ses gants, ses boutons, son habit, et de le mettre pour ainsi dire à la torture par des gesticulations forcées.

Les grimaces que l'habitude fait contracter, et que l'on appelle *tics*, sont on ne peut pas plus désagréables pour les personnes qui en sont témoins, et nuisent beaucoup à celui qui a ces défauts, dans l'opinion des personnes qu'il fréquente. Ces *tics* consistent principalement à rouler sa langue dans sa bouche, à se mordre les lèvres, à se gratter l'intérieur du nez, à se frotter le visage, à cligner des yeux, à se frotter les mains, à mettre ses doigts dans sa bouche, à se tenir mal sur son siége, et à remuer sans cesse les pieds. Il est même impoli de croiser ses jambes. Il faut se moucher le moins souvent qu'il est possible, et sur-tout éviter de faire du bruit. Quand on tousse ou que l'on éternue, on se met de côté et l'on se couvre le visage avec un mouchoir. Il ne faut jamais cracher sur le parquet, ni sur le tapis, mais dans son mouchoir, et se retirer un peu en arrière pour être remarqué le moins qu'il est possible.

Si l'on vous raconte quelqu'aventure plaisante, il ne faut pas rire aux éclats, mais sourire avec modestie. Il y a des personnes qui non seulement se rendent importunes par leur gaieté bruyante, mais qui se permettent de rire de tout et sans sujet. Si vous racontez vous-même une anecdote gaie, n'allez pas en rire le premier : ce seroit de votre part une conduite présomptueuse, et vous risqueriez en outre de manquer votre but, car les meilleurs plaisans sont ceux qui racontent de sang-froid et qui gardent un sérieux imperturbable, en faisant rire tous les autres.

Au surplus, on ne doit faire usage

qu'avec sobriété du langage de la plaisanterie, et avoir égard, lorsqu'on s'écarte de la gravité reçue dans le monde, aux temps, aux personnes et aux lieux. On peut, en ménageant ses expressions, se permettre des observations joviales, raconter des aventures galantes.

Mais si nous devons respecter la décence dans toutes les occasions, à plus forte raison ne saurions-nous avoir trop de ménagement lorsque nous parlons devant de jeunes personnes du sexe. Pour rendre notre conversation agréable, il ne faut pas toujours vouloir dire ce qui, à notre jugement, nous paroît bon et curieux, mais entretenir ceux avec qui nous sommes de ce qui est de leur goût et à leur portée. Un homme du monde se fait un plaisir de partager la joie des autres, et de leur procurer tout l'agrément qui dépend de lui.

Si, dans une compagnie, nous trouvons des personnes qui tiennent des propos un peu libres, et que ces personnes soient telles que sans être incivils, nous puissions leur adresser des représentations, faisons-leur connoître doucement, et par un avis indirect, que ce qu'elles disent n'est pas conforme à la bienséance. Si ceux qui tiennent de pareils discours sont d'un rang trop au-dessus du nôtre, pour que nous puissions nous exprimer avec franchise, ne les encourageons pas du moins par une indiscrète approbation. Un air sérieux leur impose silence, et leur fait remarquer que les propos qu'ils tiennent sont déplacés.

Les déclamations contre la religion, sont toujours inconvenantes dans un cercle; elles offensent les personnes pieuses, et nuisent à la morale publique.

Mais il ne suffit pas de respecter dans ses discours les mœurs et la religion, il faut ménager encore le goût de ses auditeurs. C'est montrer fort peu d'esprit ou annoncer une très-mauvaise idée de l'intelligence des autres, que de s'abandonner à d'insipides railleries, que de débiter de mauvaises pointes et des calembourgs niais ou usés. Il est des cas où un jeu de mots peut être permis; c'est lorsqu'il est bien amené, qu'il naît en quelque sorte de l'à-propos, et qu'on ne peut vous accuser d'avoir pillé les recueils où sont entassées les plus plates équivoques.

Il ne faut pas s'aviser de parler de spectacles, de musique ou de littérature, à moins, je ne dirai pas, d'être consommé dans ces matières, ce qui n'est pas donné à tout le monde, mais d'en avoir quelque teinture. Si vous parlez d'une tragédie ou d'une comédie nouvelle, et que vous ne vous sentiez pas en état de les juger, sous le rapport de l'art, exposez-en simplement le sujet, rendez compte de l'émotion, de la sensation que vous avez éprouvée; citez, si vous voulez, quelques passages saillans, et ajoutez modestement que vous laissez à des personnes plus éclairées le soin d'en porter un jugement plus sûr.

Les journaux sont de nos jours tellement répandus, et la lecture en est si générale, qu'il est facile de voir dans les cercles les progrès remarquables de l'influence des feuilles publiques. Chacun embrasse d'ordinaire l'opinion de son journal favori; et comme les gazettes, les feuilletons, ne sont presque jamais d'accord; que l'un exalte comme des beautés ce qu'un autre regarde comme des défauts impardonnables, on voit, dans les sociétés, se reproduire avec plus ou moins de confusion ces opinions diverses. Les discussions deviennent encore plus embrouillées lorsque ceux qui s'en mêlent parlent (comme cela arrive très-ordinairement) d'une chose qui leur est absolument inconnue, d'une pièce de théâtre qu'ils n'ont pas vue par eux-mêmes, mais qu'ils jugent sur la foi des analyses, nécessairement incomplètes, que l'on trouve dans les journaux.

Quand la conversation n'est pas générale, et que l'on n'agite pas un objet assez intéressant pour occuper toute la compagnie, le cercle se divise en plusieurs entretiens particuliers. Chacun cause avec son voisin, ou avec ses deux voisins de droite et de gauche.

Il faut, en pareil cas, éviter deux extrêmes : on ne doit ni parler trop haut, car personne ne s'entendroit plus dans le salon ; ni parler à l'oreille de son interlocuteur. Ce dernier procédé, indépendamment de ce qu'il suppose une grande familiarité entre les personnes qui se le permettent, est encore impoli et inconvenant. Un geste mal interprété, quelques mots entrecoupés, peuvent faire croire que vous parlez d'une personne de la compagnie, soit en bien, soit en mal; elle peut en être troublée, et même en concevoir du mécontentement. On parle alors à demi-voix, sans mystère, de façon à être entendu de quiconque veut prendre la peine de vous écouter.

J'ai dit plus haut que, dans un jardin public, lorsqu'on ne veut pas mettre au courant de l'entretien les personnes étrangères qui sont près de nous, on se servoit de circonlocutions, de phrases amphibologiques. Il n'en est pas de même dans la société. On doit s'exprimer clairement, sans allégorie, et par conséquent ne s'occuper que de choses qu'on veut bien être sues des personnes présentes.

Il arrivera cependant que vous rencontrerez dans une maison quelques personnes, à qui vous aurez quelque chose d'important et de secret à communiquer; ce seroit alors vous imposer une contrainte par trop pénible, que de ne pas profiter d'une occasion, qui d'ailleurs pourroit ne pas se retrouver. Il faut saisir adroitement le premier moment où la personne en question n'est pas occupée, vous approcher d'elle, et lui faire entendre que vous seriez bien aise de lui dire deux mots. Alors la personne se lève, vous vous rendez, soit dans l'embrasure d'une croisée, soit dans un coin de la salle, soit même, suivant les circonstances, dans un cabinet à côté ou dans le jardin, et vous vous occupez de vos affaires.

Vous aurez soin seulement d'observer que l'entretien ne se prolonge pas trop long-temps. Votre disparition doit être remarquée le moins possible des autres personnes de la société; car dans un cercle vous vous devez à tous généralement, et non à quelqu'un en particulier.

Si vous rencontrez dans la société une personne qui possède comme vous quelque langue étrangère, ne vous avisez pas de vous entretenir avec elle dans cet idiome.

Quand on fait un récit, il faut le faire à propos, et le plus court possible; mais si quelqu'un de considérable entame une longue histoire (les vieillards, particulièrement, sont sujets à cette envie démesurée de conter), n'ayez pas l'incivilité de l'interrompre, et de lui faire sentir l'inconvenance de sa conduite: une telle représentation ne peut être faite qu'en secret et par des amis intimes.

Il y a des jeunes gens qui interrompent un discours commencé, pour se faire expliquer quelques circonstances qu'ils ont mal comprises, ou se faire répéter le nom d'un personnage. Il n'est rien qui décèle une plus mauvaise éducation. Si cependant l'explication est nécessaire, soit pour vous-même, soit pour les autres, vous pouvez vous permettre de la provoquer, mais avec des ménagemens infinis et en saisissant un moment opportun.

L'interruption est encore moins permise lorsqu'on veut montrer la prétention de dire mieux que la personne qui raconte l'histoire ; mais on vous la pardonne, s'il s'agit de prouver ou d'éclaircir un fait en faveur d'un absent.

Quelqu'extraordinaire que soit la chose qu'on vous raconte, et quand même vous la suspecteriez d'imposture, ne faites point connoître tout haut votre sentiment, à moins que le menteur ne vous appelle vous-même en témoignage : alors il faudroit vous expliquer franchement, sous peine d'être complice de son imposture : encore faut-il pour cela beaucoup de circonspection, et mettre charitablement sur le compte de l'erreur ce que l'on sait être évidemment le fruit de la mauvaise foi.

Il y a des personnes qui n'osant pas donner un démenti formel, s'imaginent observer les formes de la politesse, en hasardant quelques expressions de doute, par exemple *si ce que vous dites est vrai*, *etc.*; *si ce que Monsieur ou Madame vient de nous annoncer est vrai*, *etc.* cette tournure n'est guère moins désobligeante qu'une dénégation positive.

Quand on nous adresse la parole, il ne faut pas répondre sèchement *oui* ou *non*, mais y ajouter, Monsieur, Madame, ou Mademoiselle. Le mot *non* est assez généralement banni du langage poli : il faut employer une périphrase et dire : « Vous » me pardonnerez, Monsieur ; je vous » demande pardon, Madame. » Cette formule a été introduite dans un temps où les démentis avoient les suites les plus funestes, puisqu'ils pouvoient être causes d'un duel.

C'est montrer une sorte de rusticité villageoise, que de joindre au mot Monsieur ou Madame, un autre mot qui peut former un équivoque. Par exemple, « ce livre est

» relié en veau, Monsieur; j'ai acheté une » belle jument, Madame; il étoit monté » sur un âne, Monsieur. »

Il n'est pas honnête de joindre le mot Monsieur ou Madame, au nom de la personne à qui on s'adresse; de dire, par exemple: « oui M. de Courville; oui » madame de Senneterre, etc. » Il faut répondre, tout simplement et avec politesse, oui Monsieur, oui Madame. Si l'on adresse la parole à une personne, qui dans le moment soit distraite ou tournée d'un autre côté, et qu'il soit indispensable de la nommer pour exciter son attention et la faire tourner vers nous, alors on peut employer son nom; mais il est plus convenable, si cette personne a un titre ou exerce une profession distinguée (1), de lui donner ce titre ou la dénomination de son état.

(1) Je dis une *profession distinguée*; car il ne faudroit pas dire: Monsieur le tailleur, Monsieur le cordonnier, Monsieur l'orfèvre, ni même *Monsieur l'avocat* ou *Monsieur le juge*, quoique ces derniers états soient très-honorables, et que l'on eût pu dire autrefois *Monsieur le conseiller*, qui étoit à-peu-près synonyme de juge. En parlant à un médecin ou chirurgien, on peut le qualifier de docteur.

Ainsi on appellera « M. le comte, M. le » baron, M. le président, M. le maréchal, » M. le colonel, M. le chevalier, » ainsi de suite.

Je ne dirai pas qu'il faut dans le discours éviter des comparaisons choquantes; que si l'on veut désigner les défauts corporels et extérieurs de quelque particulier absent, il ne faut pas en chercher l'exemple dans des personnes de la société. Mais il est assez ordinaire que des personnes peu attentives, s'il s'agit de désigner quelqu'un dont on parle en mauvaise part, disent: « Je connois l'homme dont vous parlez; » j'étois présent quand il lui arriva telle » affaire fâcheuse; il est de votre taille, » Monsieur; il a de grands yeux comme » vous, etc. »

Ou bien « Je connois cette femme très- » particulièrement; elle ne jouit pas d'une » bonne réputation; elle est grande et » brune comme vous, madame. »

Si dans le cours d'une discussion vous présentez une hypothèse, et que pour la commodité du discours vous fassiez jouer à la personne qui vous écoute un des rôles en prenant un autre rôle pour vous-même, ne la placez pas, même par supposition, dans une situation désagréable ou honteuse. Ainsi, par exemple, si vous agitez une question de jurisprudence criminelle, ne vous servez pas d'une tournure de cette espèce.

« Je suppose, Monsieur, que vous ayez
» commis un vol dans ma maison, et que
» je rende plainte contre vous, etc. »

Ceci me rappelle une anecdote assez plaisante : Un paysan se rendit un jour chez un procureur qui demeuroit dans une petite ville; le procureur étoit absent; il trouva seulement sa femme à qui il n'en voulut pas moins exposer son affaire. Voici de quelle manière il s'y prit : « Supposez,
» lui dit-il, madame, que vous soyez la
» bourrique en question; je vous bride,
» je vous bâte, je vous monte; v'la tout
» d'un coup que vous ruez, que vous me
» jetez par terre et que vous vous sauvez
» dans le bois, suis-je responsable de
» vous? »

J'ai entendu parler aussi d'un professeur d'anatomie qui en expliquant à ses élèves les effets de la strangulation, avoit coutume de dire : « Messieurs, quand on

» vous pend, voici ce qui arrive, etc. » Il avoit pris si bien l'habitude de cette manière de parler, qu'il répétoit la même phrase à la leçon correspondante de chaque année. Ses élèves, qui la connoissoient par tradition, s'y attendoient, et avoient peine à retenir leurs éclats de rire.

C'est un manque de respect auquel on ne fait pas toujours assez d'attention, que de répondre à quelqu'un qui nous dit quelque chose d'obligeant : « En vérité, mon» sieur, vous vous moquez. » Une personne bien élevée ne peut pas supposer qu'une autre se moque d'elle sans avoir le dessein de l'offenser ; il faut prendre une autre tournure et dire : Je suis confus de l'honneur que vous me faites, votre indulgence est excessive, etc.

Par la même raison, lorsque l'on fait le récit d'une aventure qui est honorable pour nous, il ne faut pas nous louer nous-même ; et si l'aventure dont il s'agit s'est passée en la compagnie d'une personne qui nous soit supérieure, la bienséance exige qu'on ne parle pas au pluriel de cette manière : Nous allâmes là ; nous fîmes telle chose, etc. ; il faut prendre un langage plus modeste, et dire sans parler de soi-même : Monsieur N. alla dans tel lieu, il fit cela, etc., et ainsi de suite.

Sous le règne de Henri III, Henri IV et Louis XIII, les personnes de condition disoient ou écrivoient en parlant des auteurs de leurs jours : Monsieur mon père, Madame ma mère. Il est possible que les reines Catherine et Marie de Médicis, qui étoient italiennes, aient amené cet usage en France. En effet, en Italie, les demoiselles disent encore : *Il signor mio padre ; la signora madre*, etc. Cet usage s'est aboli en France et paroîtroit aujourd'hui très-ridicule. Avant la révolution, les gens de qualité appeloient leurs père et mère du nom de leur titre ; ils disoient Monsieur le duc, madame la duchesse, etc.

Quelques dames, au lieu de dire simplement mon mari, disent monsieur N., en prononçant tout-à-fait son nom ; il en est d'autres qui disent simplement Monsieur. Cette dernière locution annonce plus de prétention que la première, et par conséquent elle est ridicule. Il n'est permis à une dame de dire Monsieur en parlant de son mari, et à ce dernier de dire Madame en parlant de son épouse, que lorsque ce discours s'adresse à un domestique; parce que les domestiques devant prononcer le moins possible le nom de leurs maîtres et les désigner par *Monsieur* ou *Madame*, cette expression leur fait suffisamment entendre de qui l'on veut parler.

Nous parlerons, en traitant de la Correspondance, des personnes à qui sont déférés les titres de Monseigneur, d'Altesse, d'Excellence, etc. Les règles sont à-peu-près les mêmes pour la conversation que pour le style épistolaire.

La civilité ne permet pas, lorsque l'on parle à une tierce personne de quelqu'un présent dans la société, de la désigner par les pronoms *il*, *lui*, ou *elle*, il faut dire son nom ou le désigner par sa qualité.

Quand on s'adresse à quelqu'un, sur-tout à une dame, et que le discours est interrogatif, il est plus honnête de se servir de la troisième personne que de la seconde; ainsi l'on ne dira pas toujours: Votre santé, madame, me paroît bonne? Voulez-vous faire une partie? Désirez-vous vous approcher du feu? mais, la santé de madame me paroît bonne: madame veut-elle faire une partie ; désire-t-elle s'approcher du feu, etc. (1)?

C'est une indécence choquante de dormir, de bâiller ou même de s'étendre nonchalamment pendant une conversation. C'est donner à entendre que l'on s'ennuie ; il faudroit le cacher avec soin quand même cela seroit vrai. Mais s'il ne faut pas être endormi, il n'est pas de meilleur ton de montrer trop de pétulance. Il faut s'abstenir de ces badinages familiers connus sous le nom de *jeux de mains*. Un homme de qualité qui se trouve avec des femmes, ne doit pas abuser de son rang et de sa place pour prendre avec elles des libertés ou même en faire la feinte ; par exemple les embrasser par surprise (2), déranger leur coiffure ou leur schall, toucher leurs bras, leurs gants, leurs bracelets,

(1) Dans la langue italienne c'est presque une impolitesse ou du moins la marque d'une extrême familiarité, que de se servir de la seconde personne ; il faut employer, même en parlant à un homme, la troisième personne du féminin *ella* ; il en est de même en allemand, c'est comme si l'on disoit *sa seigneurie*.

(2) Voyez ci-après, le chapitre II de la seconde partie.

Il est déshonnête de prendre à une dame quelque ruban ou quelqu'autre partie de sa parure pour s'en faire une faveur, de l'attacher à sa boutonnière sous prétexte de lui faire sa cour, d'emporter les lettres d'une dame ou quelqu'un de ses livres; d'examiner les objets que renferme son sac. Toutes ces actions, qui ne peuvent être tolérées tout au plus qu'avec des personnes intimes, doivent être bannies de la bonne société.

Les lois de la décence ne souffrent pas qu'un homme se trouvant dans une compagnie de femmes, ou même avec des hommes qu'il doit respecter, quitte son habit, ôte sa perruque, se coupe les ongles, ou se les ronge avec les dents. Il n'est pas permis de se gratter soit la tête, soit toute autre partie du corps, de rajuster sa jarretière ou les boucles de ses souliers, de prendre sa robe-de-chambre et ses pantouffles, sous pretexte de se mettre à son aise.

Si par hasard quelqu'un fait voir dans une société une chose rare, neuve ou curieuse, telle qu'un diamant, un bijou, une pièce de vers, un ouvrage nouveau ou une gazette, modérez votre impatience, n'y portez pas la main pour la voir le premier; il faut attendre que cette chose arrive jusqu'à vous, et la considérer alors à votre aise, en observant de la garder le moins long-temps possible.

Mais si, avant que cette chose curieuse vous parvienne, elle étoit redemandée, il faudroit contenir le desir que vous éprouviez de la voir. J'observerai néanmoins qu'il est incivil, si on montre quelqu'objet à une personne de la société, de ne pas le faire voir également à tout le reste de la compagnie.

Si l'objet qu'on nous a vanté comme une curiosité, ne mérite pas les éloges qu'on nous en fait, il faut retenir la démangeaison de critiquer. Nous ne sommes pas obligés de louer outre mesure ce qui ne mérite pas de l'être, mais il y a toujours des ressources pour n'offenser personne, sans cependant trahir la vérité. Au surplus, nous devons nous interdire, à cet égard, tout transport d'admiration, toutes louanges exagérées, et qui nous feroient regarder comme de médiocres connoisseurs, ou comme de vils complaisans.

Je dirai, à cet égard, que le cas où il

est le plus nécessaire de s'observer, c'est lorsqu'on nous fait voir un portrait, et qu'on nous demande, sans nous dire quelle est la personne qu'il représente, si nous la reconnoissons. Il faut bien prendre garde de commettre quelque gaucherie, par exemple, de prétendre reconnoître dans le portrait d'une jeune femme celui d'une dame plus âgée ou moins favorisée de la nature ; avec un peu de discernement, et quand même le portrait pécheroit contre la ressemblance, nous pouvons deviner quel est celui dont il retrace l'image, et prononcer en conséquence.

Il n'est pas tolérable, dans la bonne société, de prendre un livre et de lire seul, pas même une lettre qui nous seroit adressée, qu'on nous remettroit et qui exigeroit une urgente réponse. Il faut demander la permission de nous retirer à l'écart, et expédier promptement l'affaire.

C'étoit la coutume du temps de Louis XIV de lire tout haut les lettres que l'on recevoit en présence d'une compagnie. On en voit des traces dans les comédies du temps, par exemple dans plusieurs pièces de Molière. Nos auteurs dramatiques modernes ont adopté cet usage très-commode sur la scène, quoiqu'il n'existe plus depuis long-temps dans le monde.

On y fait exception dans le cas où la société est peu nombreuse, où l'on est, comme on dit, en *petit comité*. Si, dans cette circonstance, le maître de la maison reçoit des nouvelles de quelque personne absente, également connue de ceux qui se trouvent auprès de lui, il peut (sur-tout lorsque la lettre ne contient que des civilités ou des choses indifférentes) en faire lecture à haute voix.

Mais si, après avoir lu la première page, on arrivoit à quelque paragraphe dont on ne voulût pas divulguer le contenu, il seroit alors très-impoli de s'interrompre. Un homme qui a quelque finesse, saute subtilement le passage sans qu'on s'en aperçoive; mais pour éviter de commettre quelque gaucherie, il ne faut commencer la lecture de la missive, qu'après s'être bien assuré qu'on peut la faire connoître toute entière.

Lorsque vos affaires, ou l'heure avancée, vous font un devoir de vous retirer, vous pouvez sortir de la société, mais en ayant soin que votre sortie ne cause pas d'interruption ; par exemple, si vous êtes engagé dans une partie de jeu, il faut absolument attendre qu'elle soit finie, à moins que vous n'ayez auprès de vous quelqu'un pour vous remplacer ; encore faudroit-il pour cela être bien assuré que cette substitution ne déplairoit pas aux autres joueurs. Ce n'est qu'à la bouillotte qu'il est permis de se retirer quand on veut, en faisant ce qu'on appelle *Charlemagne*.

Dans la conversation même, vous devez choisir les momens favorables pour vous retirer : il ne faudroit point sortir brusquement, lorsqu'une personne considérable seroit engagée avec vous dans une dissertation littéraire, scientifique, ou sur quelque sujet que ce fût.

Vous êtes dispensé, en vous retirant d'un cercle nombreux, de prendre congé d'aucune des personnes de la société, même du maître et de la maîtresse de la maison. C'est même un devoir pour vous de vous éclipser en quelque sorte, et de faire apercevoir le moins possible votre retraite ; car si vous faisiez vos adieux au maître ou à la maîtresse de la maison, ils seroient obligés de vous reconduire, et ce cérémonial se renouvelant à chaque instant pour toutes les personnes de leur société, cela leur occasionneroit une corvée très-fatiguante.

SECONDE PARTIE.

Règles particulières de civilité, soit en voyage, soit dans la correspondance.

CHAPITRE PREMIER.

Bienséances qu'il faut observer en marchant dans les rues, en voyageant à cheval ou en voiture.

Quand vous marchez dans la rue, soit avec une dame, soit avec une personne distinguée, il faut toujours lui céder le haut du pavé. Si par hasard le côté de la rue où vous vous trouvez est interrompu par quelques obstacles, tels qu'un carosse arrêté ou renversé, des échafaudages de maçons, etc., après avoir traversé le ruisseau vous devez changer de côté.

On donne ordinairement, dans la rue, le

bras à une dame. La galanterie exige, quand elle porte quelque fardeau, si léger qu'il soit, par exemple, un sac, un livre, un parapluie, que vous lui demandiez la permission de vous en charger, et que vous insistiez même si elle faisoit un premier refus.

Deux hommes ne se donnent pas le bras dans la rue, si ce n'est les jeunes gens qui sont amis intimes.

Il ne faut jamais devancer la personne avec qui vous vous trouvez. Si elle s'arrête pour lire quelque affiche ou considérer quelque chose de curieux, vous devez vous arrêter en même temps qu'elle. Si elle ne juge pas à propos de s'arrêter, vous ne devez pas ralentir votre marche sous quelque prétexte que ce soit. J'excepte cependant le cas où vous rencontreriez quelqu'objet que vous savez être capable d'intéresser la personne en question; par exemple, si vous apercevez sur la montre d'une boutique quelque marchandise objet de ses recherches; alors il faut civilement l'en avertir.

C'est à cette même personne respectable à choisir le côté de la rue où il lui plaît de marcher. Mais si vous vous apercevez que son choix est mauvais, que le côté opposé est moins sale ou mieux abrité contre le soleil, vous pouvez lui en faire respectueusement l'observation.

Lorsque vous sortez en voiture, soit pour la promenade, soit pour voyager, il faut céder les places d'honneur aux personnes distinguées, ou aux dames que vous accompagnez. La personne la plus considérable monte la première, et se place dans le fond à droite; celle qui la suit immédiatement se place dans le fond du côté gauche; la troisième est sur le devant en face de la première place, et la quatrième sur le devant en face de la seconde. On est rarement plus de quatre personnes dans un carrosse, à moins que l'on n'ait des enfans avec soi.

On sort de la voiture dans le même ordre absolument inverse.

Quand vous vous trouvez dans un carrosse avec une ou plusieurs dames, si la troisième ou quatrième place que je suppose que vous occupez, se trouve la plus près de la portière que l'on ouvre, vous descendez le premier, afin d'offrir successivement la main aux dames; c'est la main droite qu'il faut présenter, et la personne s'appuye sur vous de la main gauche. S'il y a des paquets dans la voiture, et qu'il ne se trouve pas de domestique pour les recevoir ou les arranger, c'est vous qui vous chargez de ce soin.

Dans un cabriolet, le côté droit est réservé à celui qui tient les rênes quand on n'est que deux personnes. Si l'on est trois, le conducteur se place au milieu, fût-il très-inférieur aux deux autres, par exemple, si c'étoit un jockey.

Quand vous voyagez avec des personnes qui vous sont supérieures, il est une foule de bienséances dont l'observation est rigoureuse. D'abord, il faut savoir vous accommoder de tout, ne jamais vous plaindre, ne pas vous faire attendre, être toujours prêt et empressé à rendre service. Il y a des gens difficiles qui ne trouvent jamais de chambre ou de lit qui leur conviennent, et qui poussent l'esprit de recherche jusqu'aux plus petits objets ; ayez une humeur plus sociable.

Si vous avez des domestiques, et que la personne que vous accompagnez ait aussi les siens, il faut faire attention à la conduite de vos gens, et empêcher qu'ils n'aient des rixes avec les autres.

Il est impossible de rester long-temps dans une voiture, surtout si on est plusieurs personnes, sans lever au moins une des glaces; si l'air ne circuloit pas, il cesseroit bientôt d'être propre à la respiration; cependant il ne faut pas prendre sur vous de baisser ou de lever les glaces ou les stores, sans avoir consulté les personnes distinguées que vous avez l'honneur d'accompagner. Il faut empêcher sur-tout que le courant d'air frais soit du côté des autres personnes.

Quand vous voyagez à cheval, vous donnez la droite, de même que quand vous marchez à pied, avec cette différence que vous devez vous tenir un peu en arrière, en vous réglant sur le train de l'autre voyageur. Il y a une exception à cette règle, dans le cas où l'un des deux chevaux seroit ombrageux, où il faudroit absolument que l'autre passât le premier pour qu'il le suivît. Il en est de même si vous montez un cheval entier, et que votre compagnon soit sur une jument. On doit, en ce cas, s'accommoder aux circonstances, et préférer la sûreté à des formalités superflues.

Si par hasard vous vous trouvez au-dessus du vent et que vous envoyiez de la poussière à votre compagnon de voyage, il faudroit changer de position. Si l'on passe contre des arbres dont les branches soient à la hauteur des épaules des cavaliers, ce qui arrive fréquemment, celui qui passe le premier doit prendre garde que les branches, en se remettant à leur place par leur élasticité, ne frappent avec violence la personne qui le suit.

S'il s'agit de passer à gué une petite rivière ou une mare, il est de la politesse de passer le premier; mais si vous n'avez pas pris vos précautions d'avance, et que vous soyez derrière, il faut vous éloigner, afin que les pieds de votre cheval ne fassent pas rejaillir de l'eau ou de la boue sur la personne qui vous précède.

Quand votre compagnon fait prendre le galop à sa monture, il ne faut jamais le surpasser, ni faire caracoler votre cheval, à moins qu'il ne vous fasse entendre que cela lui est agréable.

Quand vous êtes à la chasse, il ne faut jamais couper les autres chasseurs, c'est-à-dire vous mettre entr'eux et le gibier, mais laisser arriver le chasseur le plus considérable, le premier, à la prise et à la mort de la bête. S'il faut mettre le pistolet ou le couteau de chasse à la main pour donner au gibier le dernier coup, vous devez lui en laisser tout l'honneur.

Il est possible que vous arriviez dans une auberge où il n'y ait qu'un petit nombre de chambres, et que vous soyez obligé de coucher dans la chambre même de la personne que vous accompagnez. La civilité veut, en ce cas, que vous la laissiez déshabiller et coucher la première ; ensuite vous vous déshabillerez à l'écart et vous coucherez sans bruit. Il est également convenable que vous vous leviez le premier, afin que le lendemain matin votre compagnon de voyage vous trouve tout habillé et le premier prêt. La bienséance ne permet pas que nous nous laissions voir dans un état de nudité par une personne que nous devons respecter.

Il faut pousser l'observation de la politesse jusqu'à ne point se regarder dans un miroir et encore moins se coiffer ou se raser en présence de la personne que l'on considère. On ne doit pas non plus employer à son usage soit le peigne, soit quelqu'autre des effets de la personne à qui l'on doit des égards.

Nous n'avons pas besoin de dire qu'il ne seroit pas honnête de choisir la première chambre ou le premier lit. Il faut en cela, comme en toute autre chose, concilier autant que possible la justice avec la civilité. Celui qui a en sa faveur la supériorité du rang, ne doit pas en abuser et prendre toutes ses aises sans s'embarrasser des autres.

CHAPITRE II.

Circonstances dans lesquelles il peut être civil ou incivil d'embrasser. Décence que l'on doit observer dans les petits-jeux.

Il n'est point de personnes plus importunes, surtout pour les dames, que celles qui ont la manie de prodiguer les embrassemens. Il est cependant des circonstances où l'embrassement est autorisé ; nous allons en rapporter brièvement les règles.

En général on n'embrasse jamais dans un cercle, quand même on y rencontreroit des personnes avec qui l'on se permettroit habituellement cette liberté.

Les femmes, dans les visites qu'elles se rendent, s'embrassent quelquefois ; mais cet usage est fort sujet à variation.

Un homme n'embrasse presque jamais une dame qu'il visite par bienséance, à moins d'avoir avec elle des liaisons de parenté ou d'une longue amitié : si l'on se donne cette licence, c'est dans une occasion qui peut l'excuser, par exemple à l'époque d'une fête, du souhait de la nouvelle année, etc.

Mais l'on peut sans conséquence baiser la main d'une dame avec qui l'on a quelque liaison.

Les hommes ne devroient jamais s'embrasser entr'eux, il suffit de se serrer affectueusement la main; cependant un embrassement est permis entre deux hommes qui se revoyent après une longue absence.

Il est dans certaines sociétés extrêmement honnêtes des cas où vous pouvez et devez même embrasser soit une dame soit une jeune personne que vous voyez pour la première fois. C'est lorsque l'on s'amuse à ces jeux prétendus innocens où les pénitences que l'on inflige à celui qui doit retirer un gage consistent à embrasser une ou plusieurs des dames qui composent la société.

Comme vous n'agissez ainsi que pour suivre les lois du jeu, et que cela n'est aucunement censé tirer à conséquence, on ne peut refuser vos embrassemens, mais il faut y mettre une décence telle que la pudeur la plus sévère n'en soit pas alarmée.

On doit avoir le même scrupule dans ces

sortes de jeux; si l'on vous ordonne de faire aux dames ou demoiselles des confidences à voix basse, ces confidences doivent être fort courtes, et il ne faut pas qu'on soupçonne que vous dites autre chose que de simples complimens.

Au surplus, dans ces petits jeux où l'on retire des gages, il ne faut point ordonner de pénitences qui seroient de nature à choquer quelqu'une des personnes de la compagnie.

J'ajouterai que si la dame que vous embrassez a du rouge, vous courrez risque de l'effacer en appliquant vos lèvres sur la joue: il faut alors embrasser près de l'oreille.

CHAPITRE III.

Formalités et style que l'on doit observer pour la correspondance avec des parens, des amis ou des personnes considérables. Lettres de part.

Les dimensions du papier sur lequel on écrit, les expressions de respect ou de politesse qu'on emploie, la manière de fermer ensuite sa lettre, de la cacheter, d'y mettre l'adresse, sont, relativement aux convenances de la vie sociale, presqu'aussi essentielles que le contenu de la lettre même et le ton qui doit y être observé.

Quand vous écrivez un simple billet pour rappeler quelque chose à votre correspondant, et si c'est un simple billet d'envoi, on peut prendre du petit papier ; mais quelle que soit l'étendue de la missive, quand même on n'écriroit que deux ou trois lignes, le billet doit être sur un feuillet double comme si c'étoit une grande feuille.

Un billet galant, une lettre de compliment à une jeune dame, s'écrivent d'ordinaire sur du papier de couleur, doré sur tranche, et gaufré, avec des ornemens en relief sur les bords.

Les mémoires, les pétitions, adressés aux gens en place se font sur grand papier à mi-marge.

Les mots *Monseigneur*, *Monsieur*, *Madame* ou *Mademoiselle*, doivent être mis en vedette, c'est-à-dire au commencement de la lettre, en laissant ensuite un certain espace en blanc.

Quand on écrit d'égal à égal, on place le mot *Monsieur* dans la première ligne, après avoir écrit deux ou trois mots de la phrase.

Les mots *Monsieur* ou *Madame* doivent être rigoureusement dans la première ligne, quand même celui qui écrit le billet s'exprimeroit à la troisième personne, ce qui n'a lieu que quand on s'adresse à un inférieur ou à une personne avec qui on est très-lié. On dira par exemple : « N. a l'honneur de saluer Monsieur N. et de lui » rappeler, etc. » ou bien « J'ai l'honneur, » Monsieur, de vous donner avis, etc. »

Mais dans aucun cas le vocatif *Mon-*

sieur ne doit être rejeté ni à la seconde ni encore moins à la troisième ligne. Il vaudroit mieux l'oublier tout-à-fait, ce qui a lieu dans des billets que s'écrivent des personnes vivant dans une grande familiarité.

Si le billet est rédigé à la troisième personne, si par exemple il commence en ces termes : Monsieur ou Madame N... a l'honneur de saluer Monsieur ***, etc., il faut avoir bien soin de ne pas employer le pronom *il* ou *elle*, car indépendamment de l'incivilité de se servir de cette dernière tournure envers les personnes à qui l'on s'adresse, il pourroit en résulter une confusion. Quelquefois il seroit difficile de savoir si ce pronom a rapport à la personne qui écrit la lettre ou à celle qui doit la lire. Il faut répéter les noms à chaque fois.

Si l'on met en vedette le mot *Monseigneur* ou *Madame*, on laisse ordinairement un grand espace blanc avant de commencer la première ligne; et si la dépêche est destinée à une personne de haute considération, il ne faut tracer cette première ligne que tout au bas de la page.

Prenez bien garde que le premier mot de la lettre ne fasse liaison avec le mot

Monsieur ou Madame, qui précède. Il seroit, par exemple, du dernier ridicule de s'exprimer ainsi : « Monsieur, votre la-» quais m'a remis de votre part, etc. » « Monsieur, votre cocher est venu, etc. »

Il faut aussi écrire ces mots sans aucune abréviation, et les répéter de temps en temps, observant néanmoins de n'y pas mettre une ridicule affectation.

Si vous écrivez à un homme en place, vous pouvez ajouter au mot Monsieur, celui de sa dignité; de cette façon : « Mon-» sieur le Maréchal, Monsieur le Séna-» teur, Monsieur le Comte, Monsieur le » Préfet, etc. »

Quand on écrit à un général d'armée, on peut se servir du simple mot de géné-ral, sans employer le terme de Monsieur.

Les Princes, les Ministres, les Ambassadeurs, les Evêques, les Archevêques et les Cardinaux, reçoivent la dénomination de *Monseigneur.* Dans le corps de la lettre on les qualifie d'*Altesse*, d'*Excellence*, *etc.* Le titre d'Altesse est dévolu seulement aux Princes; ceux d'une famille d'Empereur ou de Roi ont le titre d'Altesse Impériale ou Royale, et quelquefois l'une et l'autre qualification, par exemple dans l'empire français et dans l'empire d'Autriche.

Les autres Princes Grands dignitaires, ont le titre d'*Altesse Sérénissime*. Le Prince primat de la Confédération du Rhin, et son coadjuteur (1), ont la qualification d'*Altesse éminentissime*.

On traite les Cardinaux d'*Eminence*, les autres prélats de *Grandeur*.

On se sert pour les Souverains des titres de Sire et de Majesté; on emploie le terme de *Sa Sainteté* quand on parle du Pape: les Ministres, Ambassadeurs et Généraux, reçoivent le titre d'*Excellence*.

Dans les dépêches officielles et diplomatiques, même dans les simples mémoires ou pétitions, il faut répéter jusqu'à trois fois au moins les titres d'*Altesse* ou d'*Excellence*.

On termine la lettre à un personnage considérable, par cette formule que l'on met invariablement tout au bas de la dernière page: « J'ai l'honneur d'être,

» Monseigneur,

» De votre *Altesse* (ou *Excellence*)

» Le très-humble et très-obéissant

» serviteur. »

---

(1) Le cardinal Fesch.

Si la pétition est adressée au Monarque, on emploie cette formule : « De votre Majesté, le très-humble, très-obéissant et très-fidèle serviteur et sujet. »

Cette formule honorifique doit occuper dans votre lettre le plus d'espace possible, et même une page presque entière ; si donc votre lettre a une telle étendue, qu'elle se termine à la seconde page, et en laissant deux ou trois pouces de blanc, il vaut mieux écarter les lignes et tracer de plus gros caractères, afin de gagner la troisième page, ne dût-il s'y trouver qu'une ligne ou deux.

Quand la lettre ne s'adresse point à des personnes qui soient nos supérieures, mais simplement à des personnes avec qui nous avons des liaisons de société, nous la terminons suivant le plus ou moins de familiarité que nous avons auprès d'eux. Si nous devons du respect à la personne, nous dirons :

« J'ai l'honneur d'être,
» Monsieur ou Madame,
» Votre très-humble et très-obéis-
» sant serviteur, etc. »

Quelquefois il suffit d'employer des termes

moins respectueux, et dire par exemple : « Agréez mes sincères hommages. » « Agréez » l'assurance de ma considération distin» guée, etc. »

La révolution française a singulièrement changé à cet égard les anciennes formalités. Il fut un temps où le mot de serviteur, à la fin d'une lettre, eût grièvement compromis et celui qui l'écrivoit et celui à qui elle s'adressoit. Il falloit, sous peine d'*incivisme*, recourir à cette formule sèche et bizarre : *salut et fraternité*. On en est venu enfin à des expressions plus polies, mais il s'en faut que l'ancienne urbanité française ait été entièrement rétablie parmi nous.

Quand on écrit à des parens ou à des amis intimes, on se sert d'expressions affectueuses que l'usage indique, et dont il n'est pas nécessaire de présenter ici des exemples.

Quand on est obligé d'écrire pour affaires importantes, il est bon, si l'on n'a pas le genre d'éducation, ou les connoissances convenables, d'avoir recours à quelqu'un plus éclairé que soi, car le succès d'une démarche dépend bien souvent de la manière dont elle est faite. Mais quand on correspond avec des personnes de connoissance, avec des parens ou des amis, je conseillerai toujours d'écrire soi-même ses lettres, et de ne point réclamer l'aide d'un rédacteur étranger. Il est bien facile de voir, quand nous connoissons le style et les manières habituelles de quelqu'un, si lui-même a conçu sa missive, ou s'il a écrit sous la dictée d'un autre. Alors s'il y a dans une missive de cette dernière espèce quelques expressions précieuses par le sentiment qui les a inspirées, nous n'en tenons aucun compte, parce que nous voyons trop bien l'effet d'une influence étrangère. On a toujours assez d'esprit pour correspondre avec un ami de cœur. Il suffit d'abandonner en quelque sorte sa plume, et d'écrire comme on parleroit.

Dans tous les cas possibles, il est nécessaire de s'exprimer clairement dans une dépêche, de n'y répandre aucun équivoque, et de laisser le moins possible à desirer.

Il n'en est pas d'une correspondance comme d'une conversation, où celui à qui vous parlez peut s'apercevoir de votre méprise, et vous mettre à portée de la rectifier.

Si les renseignemens que vous lui donnez sont incomplets, il en provoquera de nouveaux ; mais si vous oubliez quelque chose dans votre dépêche, celui qui la recevra n'est pas à côté de vous pour vous interroger ; le temps qui s'écoule d'un courrier à un autre est souvent précieux, et la perte de l'occasion est irréparable.

Ayez toujours soin de dater vos lettres, et sur-tout de les dater exactement. C'est une attention que n'ont pas toujours les personnes qui ont peu d'habitude d'écrire.

La date est, dans beaucoup d'occasions, nécessaire pour l'intelligence de plusieurs passages de votre lettre, ou pour expliquer le sens d'une dépêche que votre correspondance reçoit à-peu-près dans le même temps d'une autre personne. (1)

Dans un simple billet, on met assez ordinairement la date à la fin, et quand on envoie ce billet dans la même ville, par un domestique ou un commissionnaire, il est souvent utile de mettre non

(1) Quand vous avez reçu une lettre d'affaires non datée, il est bon que vous repariez jusqu'à un certain point l'oubli de votre correspondant, en inscrivant sur la marge l'époque où la missive vous est parvenue.

seulement la date du jour, mais l'heure à laquelle le billet est envoyé.

Quand la lettre est adressée à une personne éminente par sa dignité, on date également en bas, afin que l'expression *Monseigneur* ou *Madame*, qui commence la missive, soit parfaitement isolée.

Mais dans les lettres d'affaire ou de commerce, il est bon de dater en haut, et à la première ligne. Cette méthode est plus facile pour une personne qui a une correspondance nombreuse, elle lui présente plus de commodité pour classer et arranger ses dépêches dans leur ordre chronologique.

Si vous répondez à une lettre qu'on vous a écrite, il est presque toujours nécessaire de relater la date de cette dernière lettre, et dire, par exemple : « J'ai reçu en son » temps votre lettre du, etc. » Ensuite on répond, article par article, aux principaux chefs de demande.

Il y a différentes manières de plier sa lettre, suivant les temps, les personnes et sur-tout l'objet de la missive. Un simple billet peut se plier en quatre ; on abat ensuite l'angle où se trouve l'extrémité des quatre feuillets ; on ploie intérieurement trois de ces feuillets, et le quatrième, étant abattu par-dessus, est assujetti, soit par un pain à cacheter, soit par un cachet de cire (dans ce cas, il est plus élégant d'employer un simple pain à cacheter).

Quand une lettre n'est écrite que sur trois pages au plus, et que la quatrième est toute blanche, on n'a pas besoin de faire d'enveloppe, à moins que la lettre ne soit destinée à un supérieur; dans ce dernier cas, et dans celui où les quatre pages sont couvertes d'écriture, ou bien si l'on joint quelques papiers à sa lettre, il faut faire une enveloppe. L'enveloppe doit se plier avec élégance et propreté.

Quand on ne fait point d'enveloppe, et que la quatrième page de la lettre est tout écrite, il faut ménager un peu de blanc à la place que doivent couvrir le pain à cacheter ou la cire; sans cette précaution, plusieurs mots, souvent très-importans, se trouveroient couverts, et la personne qui reçoit la lettre pourroit, en la décachetant, déchirer et emporter un passage essentiel.

Une lettre *ostensible* (c'est ainsi qu'on nomme une lettre de recommandation) n'a pas besoin d'être cachetée, parce que le porteur en doit nécessairement connoître le contenu (1).

Quand on écrit à un ami ou à une simple connoissance, on peut fermer sa lettre avec un pain à cacheter; mais si celui à qui nous écrivons mérite plus d'égards et de cérémonie, on cachette avec de la cire. Peu importe généralement la couleur des pains à cacheter. La cire d'Espagne est ordinairement rouge ou noire; on fait usage de cette dernière si l'on est en deuil, ou si l'on fait part à une personne absente de la mort de quelqu'un de ses proches.

Quand la lettre est fermée avec ou sans enveloppe, on n'y appose qu'un seul cachet. Si cependant la lettre contient des papiers importans, et qu'en conséquence elle doive être *chargée*, c'est-à-dire *assurée* au bureau de la poste, on y appose trois ou cinq cachets, suivant la nature ou l'étendue de l'enveloppe.

(1) Si vous jugez à propos de cacheter une pareille lettre, vous devez préalablement en communiquer le texte à la personne chargée de la présenter, ne fût-ce que pour l'assurer que vous employez les moyens les plus propres à lui rendre service.

Quand vous chargez quelqu'un de remettre, par pure obligeance, une lettre qui ne le concerne point, vous n'êtes aucunement tenu de lui en donner connoissance, et vous pouvez, sans l'offenser, la lui remettre cachetée.

Il seroit néanmoins peu civil de fermer cette missive avec trop de précaution, car vous paroîtriez vous défier de la discrétion du porteur; il vaudroit mieux ne pas lui confier du tout votre dépêche; ainsi vous vous garderez bien d'y mettre plus d'un cachet.

Il y a des manières de fermer les lettres telles qu'on peut aisément, en les entr'ouvrant sur le côté, lire une partie de leur contenu. Cette manière de les plier a lieu quand elles renferment des choses absolument indifférentes. Si cependant on ne s'en aperçoit qu'après coup, et que la lettre doive être envoyée par la poste, on peut ajouter sur les bords un peu de cire pour empêcher que la lettre ne soit ouverte. On use de la même précaution si la missive est confiée à un domestique. Mais si quelqu'un se charge par complaisance de votre dépêche, ce procédé seroit injurieux pour lui.

La suscription de la lettre n'est guères

moins importante, sous le rapport de la civilité, que les formalités à observer dans l'intérieur. On répète ordinairement deux fois le mot *monsieur* ou *madame*, de cette manière :

A Monsieur,

Monsieur N . . . . .

rue

A N

Vous pouvez et devez même ajouter au nom de la personne celui de sa dignité ou de sa profession ; cela est indispensable pour prévenir toute méprise.

Dans le commerce, où la multiplicité des affaires oblige d'être expéditif, on ne met qu'une seule fois le mot *monsieur* ou *madame*, immédiatement avant le nom de la personne.

J'ajouterai, comme une remarque utile, qu'il faut clairement désigner la ville où demeure la personne, et y joindre le nom du département quand il y a plusieurs villes du même nom. La même attention est nécessaire à Paris, où il y a, dans les différens quartiers, plusieurs rues dont le nom est le même. Il faut écrire le nom de la rue et ajouter celui du quartier.

Quand une personne, en vous rendant visite, vous remet des lettres, des billets ou autres papiers, vous devez observer deux choses; la première, si cette missive concerne vos propres affaires; la seconde, si elle regarde la personne qui vous l'apporte. Dans le premier cas, il ne faut ni ouvrir, ni lire la lettre en présence de cette même personne; dans le second, au contraire, il faut l'ouvrir et la lire en sa présence.

Si un domestique ou un commissionnaire vous apporte une lettre, et qu'il soit nécessaire de faire réponse, il faut la rendre tout de suite, ou de vive voix, si vous jugez que cela suffise, ou mieux encore en rédigeant sur-le-champ un billet.

De même que dans la conversation vous ne devez charger quelqu'un de vos complimens pour d'autres personnes, que s'il existe entre vous une liaison un peu intime; de même aussi, dans la correspondance, il seroit très-inconvenant d'engager une personne considérable de vous rappeler au souvenir de telle ou telle autre, même de sa femme et de ses proches parens. Il ne faut pas non plus, à moins d'être, avec cette personne, sur le pied d'une extrême liberté, la prier de mettre à la poste, ou de faire parvenir autrement à leur adresse des lettres ou billets que vous joindriez à votre dépêche.

L'affranchissement ou le non-affranchissement des lettres envoyées par la poste n'est pas sans importance; quelquefois, en affranchissant, vous paroîtriez faire insulte à la personne avec qui vous correspondez habituellement. Mais quand vous écrivez à quelqu'un pour des affaires qui vous concernent, et dans lesquelles il vous rend un service gratuit, il est honnête de lui épargner des ports de lettres.

Quand il nous arrive quelque événement heureux ou malheureux, nous devons en faire part à nos amis, et quelquefois à de simples connoissances. Ces événemens sont les décès d'un parent, la naissance d'un enfant, ou un mariage.

Les décès s'annoncent presque toujours par des billets d'invitation au convoi; mais quand la personne que nous avons perdue est morte dans quelque ville éloignée, nous envoyons une lettre, ou manuscrite ou imprimée, conçue en termes très-brefs. Bien entendu que cette sorte d'annonce ne se fait qu'aux simples connoissances, car il faudroit prendre plus de ménagement pour ceux que les liens du sang ou de l'amitié feroient toucher de près au défunt.

La naissance et le baptême d'un enfant se déclarent aussi par une simple lettre. Il y a deux manières de faire part d'un mariage. La première, est d'inviter, trois ou quatre jours auparavant, les personnes de notre connoissance à vouloir bien assister à la bénédiction nuptiale. On fixe avec précision l'heure de la cérémonie, et l'église où elle doit avoir lieu.

On n'invite assez généralement, pour l'acte civil qui se rédige à la municipalité, que les témoins et les proches parens.

Si l'on desire que la personne à qui cette invitation est adressée, assiste également au repas ou à la fête qui doivent suivre le mariage, on en fait une mention expresse au bas de la même lettre.

La seconde manière consiste à faire tout simplement part du mariage à ceux qui n'ont été invités ni à la cérémonie nuptiale, ni au repas. Cette annonce se fait quelques jours après.

Quand on a reçu la première invitation, la bienséance exige que nous nous y rendions, ou que nous fassions nos excuses. En cas d'impossibilité, une simple lettre de part exige seulement de nous une visite ou deux. On fait la première visite par carte.

Les personnes qui ont reçu l'annonce d'un baptême ou d'un décès, doivent également visite, soit par elles-mêmes, soit par carte.

De quelque manière que notre visite ait été faite, elle doit nous être rendue. Les visites de noces se font par les nouveaux mariés en personne, et jamais par billets.

FIN.

DE L'IMPRIMERIE DE P. GUEFFIER.

TABLE DES CHAPITRES.

Fin de la Table.

www.ingramcontent.com/pod-product-compliance
Ingram Content Group UK Ltd.
Pitfield, Milton Keynes, MK11 3LW, UK
UKHW020242250726
13967UKWH00004B/1490

9 782011 914873